Lüneburg – Kleine Stadtgeschichte

Heike Düselder
Christoph Reinders-Düselder

Lüneburg

Kleine Stadtgeschichte

VERLAG FRIEDRICH PUSTET
REGENSBURG

UMSCHLAGMOTIVE
vorne: Der Platz Am Sande von Westen. – Kolorierter Stahlstich von Emil Höfer nach Carl Alexander Lill, 1843 (Sammlung Museum Lüneburg); hinten: Blick auf den Stint – ein beliebter Platz zum Verweilen. – Fotografie (Adobe; hungry_herbivore).

BIBLIOGRAFISCHE INFORMATION DER DEUTSCHEN NATIONALBIBLIOTHEK
Die Deutsche Nationalbibliothek verzeichnet diese Publikation in der Deutschen Nationalbibliografie; detaillierte bibliografische Angaben sind im Internet über http://dnb.dnb.de abrufbar.

Gutenbergstraße 8 | 93051 Regensburg
Tel. 0941/920220 | verlag@pustet.de

ISBN 978-3-7917-3311-1
Reihen-/Umschlaggestaltung und Layout: www.martinveicht.de
Satz: Vollnhals Fotosatz, Neustadt a. d. Donau
Druck und Bindung: Friedrich Pustet, Regensburg
Printed in Germany 2022

eISBN 978-3-7917-6213-5 (epub)

Unser gesamtes Programm finden Sie unter
www.verlag-pustet.de

Inhalt

Vorwort

Wenn sich die großen Linien der Geschichte im Lokalen widerspiegeln, wenn das Staunen über die vielfältigen noch sichtbaren Spuren der Vergangenheit nicht aufhören will, wenn die Freude über die nahezu unzerstörte historische Kernstadt sich paart mit dem Gefallen an den hier geschaffenen Verbindungen von Tradition und Moderne, dann wird das Schreiben einer Stadtgeschichte zu einer erfüllenden Aufgabe, der wir uns als Historikerin und Historiker mit großem Vergnügen und Herz für diese Stadt gewidmet haben. Wie ein buntes Wimmelbild fächert sich die Geschichte der Stadt mit ihren vielen Facetten auf – längst nicht alle konnten ihren Platz zwischen den beiden Buchdeckeln finden. Manches und mancher bleibt außen vor, und wir hoffen auf eine geneigte Leserschaft, die die Lücken verzeiht und die Auswahl mit Wohlwollen annimmt.

Wir danken den Mitarbeiterinnen und Mitarbeitern in der Ratsbücherei und dem Stadtarchiv, im Archiv der Lüneburger Landeszeitung und im Museum Lüneburg für ihre wertvolle kollegiale Unterstützung, dem eifrigen Dokumentar der Stadt Hans-Joachim Boldt für seine Fotos und dem Freund Henning Voss für den kritischen Blick von außen.

Das Jahr 1371, das Jahr, in dem sich Lüneburg die weitgehende Unabhängigkeit erkämpft, liegt inzwischen weit zurück; doch manchmal scheint es, als habe der Bürgerwille seine identitätsstiftende Kraft über die Jahrhunderte erhalten. Lüneburg hat sich zu einer weltoffenen, attraktiven Universitäts- und Kulturstadt mit einem hohen Bewusstsein für die Historizität dieser alten Salz- und Hansestadt entwickelt. Dies ist nicht allein, jedoch zu einem nicht geringen Teil auch der Leitung eines der am längsten amtierenden Stadtoberhäupter in Niedersachsen zu verdanken. Von 1991 bis 2021 lenkte Ulrich Mädge als Oberbürgermeister die Geschicke der Stadt, ihm hat sie viel zu verdanken.

Charakter der Stadt

Lüneburg ist eine lebendige Stadt – die pittoresken Straßenzüge und Plätze, die Wasserläufe und die Parks haben immer schon Maler und Literaten inspiriert, Besucher angezogen und manche von ihnen zum Bleiben bewogen.

Die Lüneburger lieben ihre Stadt. Sie geben gern Auskunft, wenn jemand nach dem Weg fragt oder mit dem Stadtplan in der Hand ratlos dasteht. Und sie zeigen ihre Stadt! Die Gästeführerinnen und Gästeführer sind unterwegs, bisweilen in historischer Kleidung, um Geschichte und Geschichten zu erzählen und voller Stolz durch das historische Rathaus zu führen; es ist in seiner Ausstattung eines der reichhaltigsten Renaissance-Rathäuser Norddeutschlands. Die einstige Bedeutung als Salz- und Hansestadt mit Handelsbeziehungen in ganz Europa und darüber hinaus ist nach wie vor präsent in der von Kriegen und anderen Katastrophen gering betroffenen Stadt.

Die »Kleine Stadtgeschichte« erzählt die Geschichte einer Stadt von ihren Anfängen, den ersten Siedlungskernen auf einem ressourcenreichen und geologisch höchst spannenden Terrain, bis in die Gegenwart. Anschaulich und unterhaltsam führt der Gang durch die Stadtgeschichte zu Ereignissen und Episoden, zu Personen und Persönlichkeiten, zu Gebäuden und Plätzen, zu Büchern und Archiven, zu Märkten und Markantem, aber auch zu Gesteinen, zu Flora und Fauna. Im Mittelpunkt stehen die Menschen, die in Lüneburg leb(t)en und wirk(t)en. Daraus ergibt sich das bunte und lebendige Bild einer Stadtgeschichte, die nicht Daten und Fakten aneinanderreiht, sondern versucht, die Individualität und Identität Lüneburgs zu erfassen und zu erklären, warum »die schönste Stadt der Welt« an der Ilmenau liegt!

1371 – *Von der Residenz- zur Bürgerstadt*

Bis heute spürt man die Wirkung eines historischen Ereignisses, das weit ins Mittelalter zurückreicht und doch prägend für die Stadtgeschichte wird und im Gedächtnis der Stadt bis heute präsent ist. Bei seiner Gründung wird Lüneburg als Residenzstadt geplant. Die natürliche Erhöhung, der Kalkberg, und drei bereits bestehende Siedlungskerne veranlassen die Herzöge aus dem Geschlecht der Billunger um die Mitte des 10. Jhs., hier eine Stadt zu gründen und sich die kostbaren Ressourcen dieses Fleckens Erde zunutze zu machen. Auf dem Kalkberg entstehen eine Burg und – wie es sich gehört – auch ein Kloster: weltliche und geistliche Macht konzentriert an einem Ort.

Und doch sollte dies im Laufe der Geschichte nicht mehr im Sinne der Lüneburger Bürger sein. Durch den Salzhandel reich und selbstbewusst geworden, wollen sie die Geschicke ihrer Stadt in die eigene Hand nehmen. Lüneburg soll eine Bürgerstadt werden und nicht länger herzogliche Residenzstadt bleiben! Am 1. Februar des Jahres 1371 gelingt die Zerstörung der Burg, und am 21. Oktober desselben Jahres, in der St.-Ursula-Nacht, behaupten die Lüneburger Bürger ihre Freiheiten und Stadtrechte gegen Herzog Magnus, der nach der Zerstörung der Burg versucht, die Stadt mit Waffengewalt zurückzuerobern.

Damit beginnt eine lange Phase der weitgehend autonomen Bürgerstadt. Wirtschaftliche und politische Macht vereinen sich im Patriziat der Stadt. Die Ratsherren sind zugleich die Sülfmeister, jene Männer, die Rechte an der Saline haben und vom florierenden Handel mit dem »weißen Gold« enorm profitieren. Sie fühlen sich den Patriziern der italienischen Stadtrepubliken der Renaissance gleich und zeigen dies am Schmuck ihrer Häuserfassaden, in Inschriften und im wichtigsten Gebäude der Stadt: dem Rathaus. Die »kluge Herrschaft« und »gute Ordnung« nehmen im Bewusstsein und auch im Bild der Stadt im wahrsten Sinne des Wortes eine wichtige Rolle ein. Das im Kern im 13. Jh. gebaute Rathaus, eines der größten und ältesten Rathäuser in Deutschland, erhält im Laufe des

Aquarell aus einer Bilderchronik von 1595, die Szenen aus dem Lüneburger Erbfolgekrieg zeigt. – Hier: Die Eroberung der Burg.

16. Jhs. eine völlig neue Ausstattung. Die zahlreichen Gemälde, Wand- und Deckenmalereien manifestieren ein politisches Programm, das in seiner Art beinahe einzigartig und allenfalls vergleichbar mit den Rathäusern im italienischen Siena oder Venedig, im belgischen Brügge oder im polnischen Danzig ist. Lüneburg ist ein Musterbuch für die Renaissance.

Vom ersten Drittel des 14. bis zum Beginn des 17. Jhs. erlebt Lüneburg eine Blütezeit. Die Stadt wächst, Kirchen werden gebaut und ausgestattet, Bürger- und Handelshäuser mit beeindruckenden Backsteingiebeln entstehen. Und mittendrin befindet sich der mächtige mittelalterliche Wirtschaftsbetrieb der Saline, die mit ihren Rauchschwaden in vielen zeitgenössischen Stadtansichten als Symbol für Prosperität und Stolz gilt.

Auch wenn die Selbstständigkeit und Vorrangstellung der Hansestadt schon um die Mitte des 17. Jhs. endet und Lüneburg nun als herzogliche Landstadt im gleichnamigen Fürstentum in den frühneuzeitlichen Modernisierungsprozess hineingezogen wird, bleibt die Erinnerung an die große Geschichte der Hansezeit prägend bis heute.

An den verblassten Schriftzügen oder Firmenschildern an einzelnen Gebäuden ist jedoch noch sichtbar, dass es der Stadt vor allem im 19. Jh. gelingt, den Verlust der weitgehenden

Autonomie und auch den Niedergang des Salzhandels zu kompensieren. Die Verbindungen über die Flüsse Ilmenau und Elbe sorgen für einen einträglichen Frachtverkehr und ein florierendes Speditionswesen bis – ja, bis die Eisenbahn kommt: Eine neue Zeit bricht an, und ihr werden im folgenden Jahrhundert noch weitere Zäsuren folgen, die die Stadtgeschichte immer wieder in neue Richtungen lenken.

Salzstadt auf unsicherem Boden

Nach wie vor gilt Lüneburg in der Innen- und Außendarstellung als *die* Salzstadt schlechthin. Das Salz macht die Stadt im Mittelalter berühmt und begehrt. Mons – Pons – Fons, das sind die drei Siedlungskerne, die um die Mitte des 10. Jhs. die zentralen topografischen Gegebenheiten bilden, aus denen die Stadt Lüneburg erwächst. »Mons« bezeichnet den Kalkberg, der bis heute als natürliche Erhebung im Stadtgebiet sichtbar ist. »Pons« ist die Brücke über die Ilmenau, und »Fons« ist die Saline, die den Reichtum der Stadt einst begründet. Gern und immer wieder erzählt wird die Geschichte von der Lüneburger Salzsau, einer Wildsau, die die Solequelle entdeckt haben soll. Nachdem sie von Jägern erlegt worden sei, hätten die Salzkristalle an ihren Borsten den Hinweis auf jene Quelle gegeben, die nicht nur Reichtum bringen, sondern auch identitätsstiftend wirken sollte bis in eine Zeit hinein, in der die Saline schon längst nicht mehr in Betrieb ist.

Spektakulärer noch als die Legende sind die Fakten. Der Salzstock gehörte zum Zechsteinmeer, ursprünglich einmal im heutigen Nordafrika gelegen. Die Ablagerungen, unter anderem Salze, schoben sich im Laufe von Jahrmillionen immer weiter nach Norden. Heute dehnt sich dieser Salzstock auf einer Fläche von 1400 x 900 Metern unterhalb der Stadt aus; die Oberseite, der Salzspiegel, liegt in 40 bis 70 Metern Tiefe. Aus seiner Mitte erhebt sich der Kalkberg mit gut 56 Metern über NN. Um den Salzstock herum lagern die Erdschichten aus den Eiszeiten, die der Salzstock mit mächtiger Kraft durchbrochen und teilweise mitgeschleppt hat. So kommt es zu der geo-

»Wahrhaftige und eigentliche Abcontrafactur der löblichen Stadt Lüneburg nach aller Form und Gestalt«. Kupferstich von Daniel Frese, Lüneburg 1611. – Die vom Rat der Hansestadt in Auftrag gegebene Stadtansicht

logischen Besonderheit, dass Erdschichten, die in anderen Regionen mehrere Tausend Meter unter der Erdoberfläche lagern, rund um den Salzstock hochgedrückt werden und ihre »Schätze«, die Gesteine aus den Eiszeiten, freigeben.

Durch den Salzhandel wird Lüneburg Mitglied der Hanse, jenes mittelalterlichen Handels- und Verkehrsbundes von Kaufleuten, die neben dem gegenseitigen Schutz- und Bündnisversprechen ein gemeinsames Selbstverständnis verbindet: Verlässlichkeit, Weltoffenheit und Urbanität sind ihnen wichtige Bezugspunkte. Nachdem die Blütezeit der Hanse vorbei ist und die Zeit der großen, auf das Salz konzentrierten Handelsbeziehungen zu Ende geht, spielt auch der Begriff »Hansestadt« keine elementare Rolle mehr für Lüneburg. Er sinkt für einige Jahrhunderte in die Bedeutungslosigkeit. Erst relativ spät gerät er wieder in das Bewusstsein der Stadt. Seit 2007 darf Lüneburg wieder den Titel »Hansestadt« tragen.

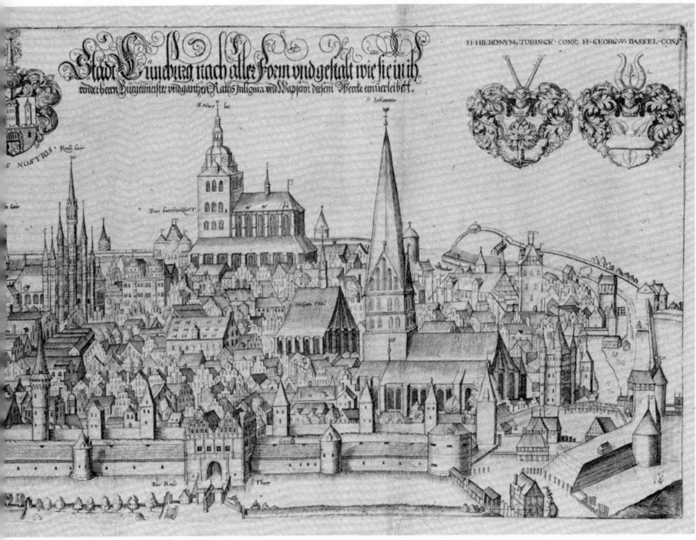

hält zahlreiche Details der Gebäude fest. Lüneburg ist zu dieser Zeit mit rund 14.000 Einwohnern eine der wenigen Großstädte im Alten Reich.

Stadt und Landesherrschaft

Von äußeren Mächten ist die Stadt im Laufe ihrer Geschichte immer wieder beeinflusst worden: durch die Zugehörigkeit zum Fürstentum Lüneburg als Teil des Herzogtums Braunschweig-Lüneburg, als Landdrostei des Welfenhauses bzw. der preußischen Provinz Hannover, als Gauhauptstadt des Gaus Ost-Hannover während der NS-Zeit und als Teil des neugegründeten Landes Niedersachsen.

Dynastische Konstellationen bringen zuweilen Entwicklungen mit sich, deren Tragweite und Auswirkungen den meisten Menschen in Lüneburg eher als gegebene und weniger das persönliche Leben betreffende Entscheidungen im Bewusstsein bleiben. Und doch hinterlassen die äußeren Mächte auch ihre Spuren im Stadtbild, suchen ihre Präsenz und Bedeutung sichtbar zu machen. Das Stadtschloss lässt Herzog Georg Wil-

Schloss am Markt um 1840. Innenseite des Deckels eines Schminkkastens. Öl auf Holz. – Hier ist die naive Darstellung eines Fürstenbesuches im Schloss zu Lüneburg abgebildet.

helm von Lüneburg in den Jahren 1695 bis 1700 gegenüber dem Rathaus errichten – nicht als Neubau, sondern als Ensemble von drei Patrizierhäusern, die prachtvoll den Marktplatz säumen und nun unter dem Dach der herrschaftlichen Residenz mehr oder weniger verschwinden. Das Stadtschloss zeigt unmissverständlich die Herrschaftsansprüche eines Landesherrn, der sich vermutlich häufiger auf seinem Jagdschloss in Wienhausen als in Lüneburg aufhält, jedoch durch das repräsentative Gebäude in exponierter Lage auch in der Hansestadt überaus präsent ist und bleibt.

Dynastische Entscheidungen führen auch dazu, dass sich mit dem Lüneburger Stadtschloss in der Lokalhistoriografie vor allem ein klangvoller Name mit einer ebenso wirkmächtigen Person dahinter verbindet: Eléonore d'Olbreuse, von Stadtchronisten zu Unrecht als herzogliche Mätresse tituliert und darauf reduziert, ist die Ehefrau Georg Wilhelms. Die Tochter aus hugenottischem Landadel im französischen La Rochelle und Hofdame in Paris lernt Georg Wilhelm am Kasseler Hof kennen und wohl auch lieben. Der Herzog setzt sich für sie über sein Versprechen hinweg, auf eine Eheschließung zugunsten seines Bruders zu verzichten, um ein Leben mit dieser nicht nur wegen ihrer Schönheit bekannten, sondern auch klugen Frau zu verbringen. Unter ihrem Einfluss entsteht 1684 ein Edikt, das den reformierten Glaubensflüchtlingen aus Frankreich Aufnahme im Fürstentum Lüneburg zusichert. Und so lebt im herzoglichen Stadtschloss am Markt zeitweise auch eine kleine Gemeinde von Hugenotten, die den Audienzsaal als Raum für ihre Gottesdienste nutzt. Ihre Witwenjahre verbringt Eléonore d'Olbreuse in Lüneburg.

Ebenfalls äußere Mächte sind es, durch die Lüneburg eine Bedeutung als Garnisonsstadt bekommt. Während des Dreißigjährigen Krieges richtet Herzog Georg von Braunschweig-Lüneburg eine Garnison in Lüneburg ein. Dafür zahlt die Stadt einen hohen Preis, denn sie muss den Kalkberg an den Herzog abtreten: eine bittere Niederlage, die das Ende der weitgehenden städtischen Autonomie besiegelt.

Von der Garnisons- zur Universitätsstadt

Der weitere Ausbau der Stadt zur Garnisonsstadt erfolgt dann im 19. Jh. und vor allem in der NS-Zeit. Lüneburg wird 1937 Gauhauptstadt des Gaus Ost-Hannover, und mit dem Kasernenbau wird Lüneburg für Jahrzehnte zur Soldatenstadt.

Lange Zeit bleibt die NS-Zeit in Lüneburg unerforscht. Nur wenige Dokumente und Belege der NS-Strukturen und Täter vor Ort bleiben erhalten; viele der politisch Verantwortlichen fliehen. Sprachlos bleibt man in der Nachkriegszeit auch angesichts des ersten großen Prozesses gegen die NS-Täter, dem Bergen-Belsen-Prozess. Im September 1945 stehen in Lüneburg die Täter des KZ Bergen-Belsen vor einem britischen Militärgericht, und in diesem Moment blickt die Welt auf Lüneburg. Nur wenige Monate zuvor ist die Stadt durch das kluge Handeln des Lüneburger Stadtkommandanten Oberstleutnant von

Mit dem 2017 fertiggestellten »Libeskindbau«, dem Audimax nach den Entwürfen des international bekannten Architekten Daniel Libeskind, erhält die Leuphana Universität Lüneburg einen besonderen Akzent.

Bülow kampflos übergeben worden und somit von Zerstörungen verschont geblieben. Und ganz in der Nähe, auf dem Timeloberg, hat am 4. Mai 1945 die Teilkapitulation der norddeutschen Truppen gegenüber der britischen Armee unter Führung des Generalfeldmarschalls Bernard L. Montgomery stattgefunden. Heute ist der Timeloberg ein Gedenk- und Lernort, ebenso wie eine Reihe von weiteren Schauplätzen und Denkmälern. Sie werden im Kontext einer reflektierten und zukunftsweisenden Erinnerungskultur kritisch in den Blick genommen und neu bewertet.

Nach dem Ende des Zweiten Weltkrieges und im Laufe der Nachkriegsjahrzehnte muss das Militär an vielen Standorten weichen. Zunächst übernehmen die Briten die militärischen Liegenschaften in Lüneburg, bis 1958 die Bundeswehr – meistenteils freudig begrüßt – mit mehreren Tausend Soldaten in die Kasernen einzieht. Lüneburg wird jetzt wieder eine Soldatenstadt. Doch das Ende des Kalten Krieges geht am Militärstandort Lüneburg nicht spurlos vorbei. So kommt es, dass hier drei Kasernen von der Bundeswehr aufgegeben werden. In diesem Zuge setzt ein bemerkenswerter Prozess ein, der mit dem Begriff »Konversion« bezeichnet wird: die Umwandlung der Gebäude von militärischer in zivile Nutzung.

Allmählich verschwinden die Soldaten mehr und mehr aus dem Stadtbild, und auch diese Entwicklung trifft die lokale Wirtschaft. Gleichzeitig entwickelt sich die Pädagogische Hochschule Lüneburg. 1946 wird sie gegründet und 1978 zur wissenschaftlichen Hochschule mit Promotions- und Habilitationsrecht erklärt. Die freigewordenen Liegenschaften der Scharnhorstkaserne sind geeignet, um den Raumbedarf der Hochschule zu decken. Aus der einstigen Wehrmachtskaserne ist ein Ort freier Forschung und Lehre geworden. Das neue Zentralgebäude der Universität mit seiner besonderen Architektur, den asymmetrischen Formen und der Außenfassade aus Glas und Titanzink, bildet einen bewussten Gegensatz zur streng gegliederten Kasernenarchitektur. »Statt Strenge und Disziplin soll der ‚Libeskindbau' Transparenz und Demokratie symbolisieren«, heißt es in einem Beitrag zur Geschichte der Universität. Die Leuphana Universität genießt heute einen weit über die Region und Landesgrenzen hinausgehenden Ruf. Sie ist international aufgestellt und zieht Wissenschaftler und Wissenschaftlerinnen sowie Studierende aus allen Teilen der Welt ins beschauliche Lüneburg.

Topografie der Stadt

Kommt ein Besucher in die Stadt an der Ilmenau, so erschließt sie sich ihm unverkennbar als ein Ort hoher kultureller Dichte mit einem nach wie vor lebendigen Bewusstsein ob ihrer kulturhistorischen Besonderheiten. Unwillkürlich drängen sich ihm beim Gang durch die verschiedenen Stadtviertel Fragen nach deren Charakter und Wandel im epochalen Rhythmus der Zeitläufte auf.

Die mittelalterlichen Quartiere – Bis heute erhalten

Nur wenige Schritte entfernt vom Marktviertel mit Markt und Rathaus im Zentrum zeigt sich dem Besucher im Quartier rund um St. Michaelis ein gänzlich anderes Bild der Stadt: Verwinkelte, schmale Gassen, von Bescheidenheit gezeichnete Hausfassaden, Spuren einer einstigen Klostergemeinschaft, kaum noch sichtbare Hinweise auf ein jüdisches Gemeindeleben in mittelalterlichen Zeiten. Die Stadt findet hier eine Prägung durch Menschen, die ihr Auskommen in der nahen Saline, im kleinen Handwerk hatten. Ruhig und beschaulich ist es hier; Einheimische wie Fremde erfreuen sich an den farbig gefassten Haustüren, den Rosenstöcken an den Eingängen und den liebevoll gestalteten Innenräumen der Kastenfenster. Schaut man genau hin, erkennt man die Arbeit der verschiedenen Gewerke, die am Fensterbau früher beteiligt waren: Tischler, Glaser und Maler, aber auch Schlosser und Schmiede für die kunstvollen Beschläge mit ihren traditionellen Verschlusstechniken.

Beinahe wäre das Michaelisviertel dem Modernisierungstrend der Nachkriegsarchitektur zum Opfer gefallen; den vielen baufälligen Häusern im Senkungsgebiet nahe der Saline droht in den 1960er und 70er Jahren der Abriss. Der Denkmalschutz spielt damals keine große Rolle. Die Architektur der Zeit

DER »ALA« – VERANTWORTUNG IN BÜRGERHAND

Seit 1974 kümmert sich der »Arbeitskreis Lüneburger Altstadt« (ALA) als Verein um den Denkmalschutz. Sein Gründer ist Curt Pomp, der sein Leben dem Denkmalschutz gewidmet hat. Er bringt Freunde und Bekannte dazu, die zum Abriss freigegebenen Häuser zu kaufen und damit zu retten. Heute ist das Viertel längst nicht mehr das Quartier der »kleinen Leute«. Die Eigentümer der Häuser eint das Bewusstsein für die Anforderungen des Denkmalschutzes zur Erhaltung ihres Besitzes.

setzt ganz andere Akzente: neue Formen, neue Materialien, neue Konstruktionen. Davon bleibt das Michaelisviertel jedoch verschont, denn schon in den frühen 1970er Jahren gründet sich hier eine der ersten Bürgerinitiativen in Deutschland und sorgt dafür, dass die historische Bausubstanz erhalten bleibt.

Das Michaelisviertel trägt zusammen mit den übrigen denkmalgeschützten Gebäuden der Altstadt dazu bei, dass die Hansestadt Lüneburg mit ihrer außergewöhnlichen Dichte und Qualität an originaler, historischer Bausubstanz zu den wichtigsten Architekturstätten mittelalterlicher und frühneuzeitlicher Baukultur in Norddeutschland zählt.

Geschäftiges Treiben, pulsierendes Leben erfüllt den städtischen Raum im nahegelegenen Wasserviertel um den Hafen, das Alte Kaufhaus und die Nicolaikirche. Hier sind es die Schiffsknechte und Salztonnenböttcher, Handwerker, Spediteure und Lastenträger, die dem Viertel einst eine lebendige, bisweilen laute, auch derbe Dynamik verliehen haben.

Die drei großen mittelalterlichen Stadtkirchen prägen das Stadtbild und geben Orientierung. Neben der Michaelis- und der Nicolaikirche überragt St. Johannis den Platz Am Sande, das Sandviertel. Schon im 8. Jh. gibt es hier an der Brücke über die Ilmenau eine kleine hölzerne Taufkirche, um die sich einer der ersten Siedlungskerne der späteren Stadt gruppiert. Der große sandige Platz in der Nähe des Flusses, der dem Ort bis heute seinen Namen gibt, ist im Mittelalter der Umschlagplatz für Waren. Händler und Kaufleute fahren mit ihren Fuhrwerken vor und preisen ihre Waren an, Gasthäuser und Herbergen bie-

Straßenzug im Michaelisviertel. Die Fenster sind die »Augen des Hauses« – diese Metapher nutzten schon die Architekten in der Renaissance.

ten ihnen Unterkunft. An der Südseite des Platzes wohnen im 16. Jh. überwiegend Patrizier; die übrigen Grundstücke nutzen Brauer, Gewerbetreibende, Spediteure. Die Gebäude sind heute noch Zeugnisse der Blütezeit Lüneburgs vom 14. bis zum frühen 17. Jh. Baugeschichte lässt sich hier besonders gut studieren. Mehrachsige Treppengiebel, Blendarkaden, spitzbogige Blenden, Standerker, sog. »Utluchten« und detailreiche Formsteine in vielen Varianten verleihen diesem Platz seinen besonderen Charme. Vor den Portalen entstehen repräsentative Treppenanlagen mit sog. Beischlagwangen, den »Visitenkarten« des Hauses, auf denen die Besitzer mit ihren Wappen und Hausmarken, aber auch biblischen Szenen oder Heiligendarstellungen ihren Repräsentationsbedürfnissen nachkommen.

Die Stadt im Bild

Lüneburg ist die Stadt der Türme und Giebel, das wissen auch schon die Maler im 15. Jh. aufs Beste hervorzuheben. Eine der seltensten, wenn nicht die älteste erhaltene Darstellung einer

LÜNEBURG – EINE IDEALSTADT?

Anlässlich der Eröffnung des Museum Lüneburg 2015 spricht Prof. Hans-Jörg Küster, Hannover, über die Topografie der Stadt: »Die Stadt hätte nicht so gut an dieser Stelle wachsen können, wenn hier nicht der Fluss genau von Süden nach Norden geflossen wäre. Auf diese Weise konnte nämlich die Brücke über den Fluss genau von Westen nach Osten gebaut werden. Dass dies wichtig war, merken wir [...] in der altehrwürdigen Johanniskirche. Sie ist nicht nur ein Baudenkmal ersten Ranges, sie ist nicht nur ein sakraler Ort. Sondern sie ist auch optimal in ihre natürliche Umgebung eingepasst. Fast jede Kirche, die aus dem Mittelalter auf uns gekommen ist, ist von Westen nach Osten orientiert. Der Altar steht immer im Osten, und Kirchenbesucher blicken immer nach Osten, der Morgensonne entgegen, wenn sie am Sonntagvormittag im Gottesdienst sind. ‚Ex oriente lux', das Licht kommt von Osten, dort liegt das himmlische Jerusalem. [...] In Lüneburg sind alle wichtigen Straßen, die zur Brücke oder zu den Brücken über die Ilmenau führen, genau im rechten Winkel zum Fluss angelegt, und daher führen sie an den Kirchen entlang. Die Kirchen sind optimal in den Stadtgrundriss eingepasst, oder, man kann auch sagen, die Häuser der Stadt nehmen sehr gut auf den Verlauf der Ilmenau und auf die Orientierung der Kirchen Rücksicht. [...] Und weil die Stadt nun so logisch aufgebaut ist, kann man sich leicht in ihr orientieren. [...] Ich finde es immer wieder großartig, dass Menschen solche Stellen fanden, um Städte zu gründen, um Städte zu bauen – und das ohne jegliche Form von Raum- oder Stadtplanung.«

Stadt überhaupt befindet sich auf einem Altarflügel in der Nicolaikirche, der jüngsten der Lüneburger Altstadtkirchen, die reich mit gotischen Kunstwerken ausgestattet ist. Der Hamburger Meister Hans Bornemann schafft 1446/47 auf einem Altarflügel eine Panoramaansicht Lüneburgs und damit die erste topografisch getreue Stadtansicht Norddeutschlands. Die Stadt bildet den Hintergrund für eine biblische Szene.

Im Bild der Stadt verbinden sich Realität und Idealität. Lüneburg ist besonders häufig in Bildern präsent, meistens in An-

Matthäus Seutter: Stadt Lüneburg. Grundriss aus der Vogelschau von Norden, 1729. – Die Straßenzüge des historischen Stadtzentrums haben sich bis heute kaum verändert.

sichten von Süden oder Norden aus gesehen, denn aus diesen Richtungen lassen sich die großen Kirchenbauten und die Ausdehnung der Stadt am besten erkennen.

Die älteste gedruckte Stadtansicht von Lüneburg ist die 1550 in der »Cosmographia«, der Weltbeschreibung Sebastian Münsters – einem der meist gelesenen Bücher des 16. Jhs. – abgebildete Illustration. Die größte erhaltene Stadtansicht hingegen ist im Fürstensaal des Lüneburger Rathauses zu sehen. Sie bildet den detailreichen Hintergrund für die Darstellung der Herzöge von Braunschweig und Lüneburg und ihren Gemahlinnen seit Otto dem Kind. Hier geht es nicht nur um die Darstellung der Stadt. Das Motiv liegt auch darin, die Stadt in die Genealogie der Fürsten, Könige und Kaiser und damit in einen übergeordneten, weit über die Grenzen Lüneburgs hinausgehenden Kontext zu stellen.

Die »Warhafftige und eigentliche Abcontrafractur der löblichen Stadt Lüneburg« aus dem Jahr 1611 hinterlässt Daniel Frese, der in seiner Schaffenszeit in Lüneburg unglaublich produktiv ist und auch das Bildprogramm des Rathauses mit den Attributen »guter Regierung« maßgeblich prägt. Seine Ansicht von Süden lässt das Stadtbild in einer Lebendigkeit erscheinen, dass man meint, die Rauchschwaden aus den Feuer betriebenen Siedepfannen der Saline, in denen die Sole erhitzt und das »weiße Gold« gewonnen wird, unmittelbar vor sich zu sehen und das Läuten der Glocken in den immerhin acht Kirchen, die sich diese Stadt um 1600 leistet, zu vernehmen. Daniel Frese ist seiner Zeit weit voraus, hält akribisch auch die feinsten baulichen Details fest und gibt sich insbesondere bei der zum Markt gewandten Fassade des Rathauses größte Mühe. Dies geschieht nicht von ungefähr, ist doch der Rat der Stadt wichtigster Arbeit- und Auftraggeber für den Maler aus Meldorf in Dithmarschen, der sich seit den 1570er Jahren in Lüneburg aufhält und bis kurz vor seinem Tod 1611 fast jährlich in den städtischen Kämmereirechnungen auftaucht.

Die wachsende Stadt

Die Topografie der Stadt verändert sich in den folgenden Jahrhunderten zumindest in ihrem mittelalterlichen Stadtkern kaum. Größere Zäsuren kommen im 19. und 20. Jh. auf die Stadt zu. Seit der zweiten Hälfte des 18. Jhs. werden die Befestigungsanlagen und die großen Stadttore entfernt. Geblieben sind die Straßennamen, die an die einstige Größe und Wehrhaftigkeit der befestigten Stadt erinnern: zum Beispiel Altenbrückertorstraße, Vor dem Bardowicker Tor oder Vor dem Neuen Tor. Von der mächtigen, im Außenring ursprünglich 14 Meter hohen Stadtmauer bleibt ein Reststück mit einem Stadtwall, der als Baumallee heute ein Erholungsort ist. Der stillgelegte ehemalige Stadtgraben wird zu Beginn des 20. Jhs. zu einer Grünanlage ausgebaut – heute von den Lüneburgern

»Liebesgrund« genannt. Mit den Befestigungsbauten fallen auch die Wallanlagen. Sie weichen dem zunehmenden Bedarf nach mehr Wohnraum und einer verbesserten Verkehrswegeführung.

Die Stadt wächst – entsprechend einer dynamisch einsetzenden Bevölkerungszunahme – über ihre mittelalterlichen Grenzen hinaus ins Umland. Gewerbe- und Industrieansiedlungen ziehen mehr Menschen in die Stadt, neben den Türmen und Giebeln werden die Schornsteine der Fabriken zu einem weiteren prägenden Element im Stadtbild. Auf die Industrie des Mittelalters mit dem Salinenbetrieb folgen nun die rauchenden Schornsteine und Schlote unter anderem der Zuckerraffinerie, die der Unternehmer Heinrich Heyn im ehemaligen Marstall mittels einer Dampfmaschine betreibt. Die Industrialisierung des 19. Jhs. erfasst die Stadt und bringt die Eisenbahn mit den beiden ersten Dampflokomotiven. Schon bald siedeln sich an der Bahnstrecke Hannover-Harburg die ersten Fabriken an und greifen auf die reichen Bodenschätze – Kali, Torf, Düngekalk, Salz und Erdöl – zu. Sie verändern das Stadtbild, nicht nur durch die Fabrikgebäude und Produktionsstätten selbst, sondern auch durch Fabrikantenvillen sowie Mehrfamilienhäuser der »kleinen Leute«.

Kasernen und Soldaten

Eine Zäsur bildet schließlich der Kasernenbau in den 1930er Jahren. Auf dem Gelände der heutigen Leuphana Universität entsteht ab 1935 die Scharnhorstkaserne im typischen Baustil der Zeit: rechtwinklig in der Struktur und in strenger Ost-West- und Süd-Nord-Ausrichtung. Sie ist die vierte Kaserne, die die Topografie der Stadt als Garnisonsstadt ausweist. Die älteste Kaserne, die nahe dem Kloster Lüne gelegene Lüner Kaserne, wird zwischen 1826 bis 1828 für das bereits 1813 von Oberstleutnant Albrecht von Estorff aufgestellte »Husarenregiment« gebaut. Es ist ein Block in U-Form mit einer sich anschließenden Reithalle, später kommen ein Exerzierplatz und weitere Blöcke hinzu – und das Dragonerregiment zieht ein.

Baustelle der Scharnhorstkaserne, kurz vor der Fertigstellung 1936.

Mit der Planung der Stadt als Gauhauptstadt für den Gau Ost-Hannover einher geht der Bau der Scharnhorst- und der Schlieffenkaserne. Die Stadtverwaltung verspricht sich von dem Bau und dem Einzug von rund 5.000 Soldaten – und gut 1.600 Pferden, da es sich um überwiegend berittene Einheiten handelt – vor allem wirtschaftliche Vorteile für Handel und Gewerbe und stellt dafür städtische Grundstücke unentgeltlich und erschlossen zur Verfügung. Damit entstehen im Rahmen des »Heeres-Neubauprogramms« innerhalb kürzester Zeit mehrere ausgedehnte Kasernenkomplexe mit den dazugehörigen Wohnungen für die Soldaten. Bis in die 1970er Jahre prägen das Militär und die Komplexe der vier Kasernen die Stadt.

Bewegung im Untergrund

Die Topografie der Stadt ist nach wie vor geprägt von der Historizität der Gebäude. Kaum eine andere Stadt in Deutschland hat eine vergleichbare Anzahl von denkmalgeschützten Gebäuden aus Mittelalter und Früher Neuzeit. Doch auch wenn die Stadt von größeren Kriegszerstörungen verschont geblieben ist, so steht sie dennoch nicht auf einem besonders sicheren Boden, zumindest in einigen Bereichen. Wer sich heute mit dem Gedanken befasst, stadtnah Grund und Boden zu erwerben oder ein Haus zu kaufen, sieht sich mit zwei Problemen konfrontiert: Zum einen ist das Angebot aufgrund der Attraktivität der Innenstadt ebenso begrenzt wie kostspielig. Zum anderen breitet sich unter Teilen der Altstadt ein rund 1,8 Quadratkilometer großes Senkungsgebiet aus, das in unmittelbarem Zusammenhang mit dem darunter liegenden Salzstock steht. Über Jahrhunderte wird in der Saline Salz gefördert, und der Abbau von Tausenden Tonnen Sole lässt Hohlräume im Boden entstehen, die Erdfälle verursachen und die Bausubstanz gefährden. In den 1970er Jahren ist vor allem die westliche Altstadt betroffen, ganze Häuser sacken ab und müssen abgerissen werden. Heute gibt es rund 300 Messpunkte im Senkungsgebiet, an denen die Erdbewegungen aufgezeichnet und ausgewertet werden. Immer wieder kommt es vor, dass sich der Boden durch das immer noch aufsteigende Salz und das Aufquellen von Gipsanteilen im Untergrund bewegt. Die Bewohner haben sich mit der Situation arrangiert, sie lieben die schiefen Häuser und Wände und sind darüber informiert, was bei Erdfällen zu tun ist.

Die Topografie der Stadt wird somit seit ihrer Entstehung nicht nur von den Kulturleistungen ihrer Bewohner beeinflusst, sondern durch die Jahrhunderte hindurch auch von dem, was unter den Füßen liegt, den geologischen Spezifika, die den Untergrund formen und bis heute bewegen.

Menschen in der Stadt

Königlicher Unmut in Hannover

Gegen Ende November des Jahres 1750 sehen sich Bürgermeister und Rat der Stadt Lüneburg in Aufregung versetzt, ziehen sie doch den Unmut der Geheimen Räte und »Seiner Königlichen Majestät zu Hannover« auf sich. Während eines Aufenthaltes in der Göhrde sei ihnen zu Ohren gekommen, dass sich »die dasige Stadt« in einem fortwährenden Zustand des Verfalls befände. Es fehle an »Nahrung«, die Bürgerschaft sei verarmt, zunehmend blieben Häuser unbewohnt. Eingefordert wird ein genauer Bericht darüber, »wodurch der Verfall geschehen« und welche Maßnahmen zu ergreifen man gedenke.

Bürgermeister und Rat der Stadt machen sich alsbald an die Arbeit und lassen umfängliche Untersuchungen anstellen, denn – so das kleinmütige Geständnis – es sei nicht zu leugnen, dass die Sache selbst ihre Richtigkeit habe und sehr zu wünschen sei, dass »ein günstigeres Glück vor diese Stadt [...] eintreten mögte«.

Einher mit dem beklagten »Verfall« geht ein sichtbarer Bevölkerungsrückgang. Innerhalb der ehemals städtischen Mauern leben 1740 9.501 Menschen, doch haben sich mittlerweile vor den Toren der Stadt zahlreiche Männer und Frauen mit ihren Kindern auf Dauer niedergelassen. Hier finden weitere 879 Menschen ihren Lebensraum, sodass insgesamt 10.380 Menschen zur Stadtbevölkerung zu zählen sind. Zu ergänzen wären sie um eben jene Angehörige der Garnison, des Klosters und des Hofes, die auch Teil der städtischen Gesellschaft sind.

Rat und Bürgermeister der Stadt sehen sich anderthalb Jahrzehnte später der erneuten Aufforderung ausgesetzt, die eingesessene Bevölkerung zu erfassen. Im Inneren der Stadttore werden nunmehr – »auf diensame Art« – 8.714 Bewohner ermittelt, gut 700 Menschen leben unmittelbar vor den städtischen Toren. In diesen 15 Jahren ist die Anzahl der in

Lüneburg Brot und Auskommen findenden Existenzen mithin um etwa 10 % gesunken.

Von der mittelalterlichen Großstadt zur Stadt in der Krise

Zu diesem Zeitpunkt gelangt eine bereits lang andauernde Entwicklung des Bevölkerungsrückgangs zu ihrem Tiefstand. Chronikalische Aufzeichnungen berichten davon, dass in den Jahren um 1300 ungefähr 10.000 Menschen hier eine Bleibe finden, um 1500 ist bereits von 12.000 Menschen die Rede. In diesen Jahrzehnten zählt die Hansestadt zweifelsohne zu den Großstädten in den deutschen Territorien.

Diese florierende Entwicklung erreicht bis zum Beginn des 17. Jhs. mit rundherum 14.000 Bewohnern eine Blüte, die sich in der Repräsentation der Hansestadt sichtbar Ausdruck ver-

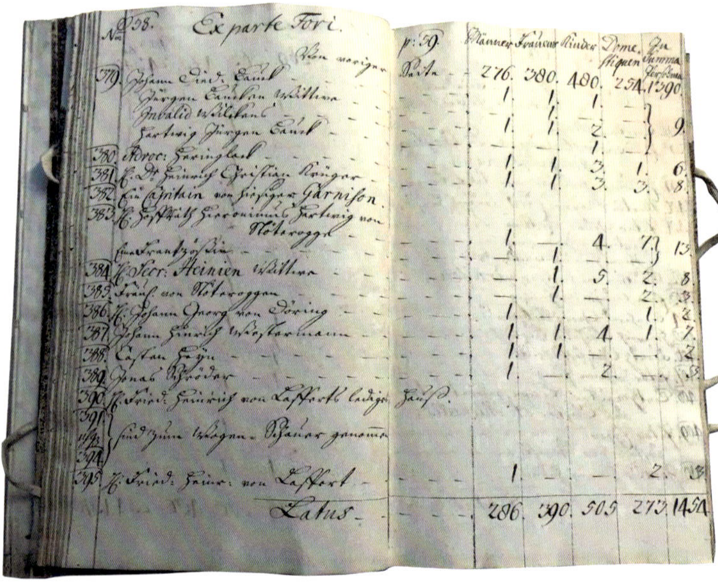

Auszug aus dem »Verzeichnis derer […] in Lüneburg befindlichen Bürgern, Einwohnern, Invaliden und sonst seßhaften Persohnen nebst ihren Kindern und Domestiquen. Anno 1740«.

schafft. Mit dem Ausbruch des Dreißigjährigen Krieges 1618 tritt indes eine Wende in der Bevölkerungsentwicklung ein: 1650 beherbergt die Stadt noch etwa 12.000 Bewohner, 1750 ist deren Anzahl auf weniger als 10.000 gesunken – und dabei sollte es bis zum beginnenden 19. Jh. auch bleiben.

Die Bevölkerung Lüneburgs verteilt sich um die Mitte des 18. Jhs. im Großen und Ganzen recht gleichmäßig auf die vier Stadtquartiere, die jeweils etwa ein Viertel der Menschen beherbergen. 1740 stehen den 2.128 erwachsenen Männern 2.943 Frauen gegenüber, ungefähr jeder dritte Bewohner Lüneburgs ist nicht älter als 15 Jahre. 1.687 »Domestiquen« finden Beschäftigung in zahlreichen Haushalten vor allem im Markt-, Wasser- und Sandviertel. Hier liegt ihr Anteil bei knapp 20 %, im Viertel rund um die Saline indes nur bei 10 %: ein deutlicher Hinweis darauf, dass hier weniger die Kaufleute, Patrizier oder Brauer dem Viertel die sozialen Konturen verleihen, sondern die Salinenarbeiter und die kleinen Handwerksbetriebe.

Und in der Tat werden um die Mitte des 18. Jhs. deutlich mehr als 100 Wohnungen unbewohnt vorgefunden, zudem sind zahlreiche Wohnräume als »Saltzkammern« ihrem eigentlichen Zweck entfremdet, werden ehemals bewohnte Räume als Lagerräume für überschüssig produziertes Salz genutzt – sichtbarer Ausdruck einer jetzt hervortretenden Strukturkrise, die »diese in vorigen Zeiten so angesehene Stadt« mit großer Wucht und allen sozialen Konsequenzen trifft.

Stadtmauern fallen

Gegen Ende des 18. Jhs. beginnt die Zahl der Einwohner wieder zu steigen: 1811 leben wieder mehr als 10.000 Männer, Frauen und Kinder in der Stadt, um die Mitte des 19. Jhs. nahezu 14.000, mithin so viele wie unmittelbar vor dem Ausbruch des Dreißigjährigen Krieges.

Seit der zweiten Hälfte des 18. Jhs. fallen Befestigungsanlagen und Stadttore. Damit beginnt die Stadt in das Umland hineinzuwachsen – und dies schneller als je zuvor. Während der zweiten Hälfte des 19. Jhs. nimmt die Dynamik des Bevölkerungswachstums mit 2 % Zuwachs jährlich ein bis dahin nicht gekanntes Ausmaß an.

Im Süden der Stadt wird das Rote Feld erschlossen, erste Mietshäuser werden an der Uelzener und Schillerstraße gebaut, entlang der Bleckeder und Dahlenburger Straße wächst die Stadt nach Osten. Hier entsteht rund um den Lüneburger Bahnhof seit der Mitte des 19. Jhs. ein Viertel durchmischter Vielfalt mit Stadthäusern, Arbeitersiedlungen, gewerblichen Unternehmungen. Mehrfamilienhäuser werden auf den Gründen vor dem Neuen Tore im Westen und Nordwesten errichtet. Und rund um die neuen Fabrikanlagen im Norden der Stadt entwickelt sich die Goseburg zu einem industriell geprägten Stadtteil.

Zeiten der Not – Krieg und Nachkriegszeit

Mit dem Ausbruch des Ersten Weltkrieges im August 1914 sinkt die Anzahl der Bevölkerung rasch und deutlich. Auch hier wird »eine spannende Aufregung und fieberhafte Unruhe aller Kreise« spürbar. Als am letzten Juliabend den auf dem Marktplatz versammelten Bürgern die unverzügliche Mobilmachung aller Truppen verkündet wird, paart sich von überheblichem Patriotismus durchtränkter Jubel mit leiser, in sich gekehrter Kriegsfurcht.

Den markigen Parolen des Sommers 1914 folgen alsbald Ernüchterung, den schmissig intonierten Märschen und geschwenkten Fahnen allerorten Mangel, Unterernährung, stiller Protest. Schon im März 1915 wird der Brotverzehr rationiert, Speisefette und Fleisch werden selten, Bezugskarten für Kartoffeln kurz darauf ausgegeben. Mangelerkrankungen lassen die Todesfälle in bedrohlicher Weise ansteigen. 1917 werden nur noch etwas mehr als 23.000 Einwohner in der Stadt gezählt, 4.500 Menschen weniger als 1910.

Mit dem Ende des Krieges sind die bedrückenden Belastungen keineswegs überwunden. Kriegsheimkehrer und Flüchtlingsfamilien führen zunächst zu einem Anstieg der Lüneburger Bevölkerung auf 27.599 Einwohner im Jahr 1919. Neben

Sozialer Wohnungsbau in den 1920er Jahren: Mit der Anlage »Meinekenhop« lässt die Stadt mit der Wohnungsbaugenossenschaft nach Gartenstadt-Vorbild Doppel- und Reihenhäuser mit großzügigen Gärten zur Selbstversorgung errichten.

gravierenden Engpässen in der Versorgung bereitet vor allem die Wohnungssituation große Probleme. Bereits im Oktober 1918 ist die Rede davon, dass etwa 900 Wohnungen fehlen, im Sommer 1920 sind es nicht weniger als 500. Mitte Oktober 1920 kann Ernst Braune als Bauaufseher der Stadt mitteilen, dass 16 neue Wohnungen fertiggestellt seien. Zu Beginn des Jahres 1922 wird die Volkshaus GmbH gegründet, die schließlich 1925 ein ausgedehntes Gelände am südwestlichen Stadtrand erschließt und zwischen 1926 und 1930 mit Kleinwohnungen bebaut: eine wirksame Reaktion darauf, dass die Zahl der Wohnungssuchenden mit 1.750 Personen Ende 1924 insgesamt ausgesprochen hoch ist.

Ab 1927 verbessert sich die soziale Situation allmählich bei einer guten Beschäftigungslage im Handwerk und einem spürbaren Rückgang der Erwerbslosen. Doch mit den Sozialprogrammen – so lässt der Oberbürgermeister Hermann Schmidt verlauten – sei die Leistungsfähigkeit der Stadt an ihre Grenzen gelangt. Inzwischen sind auf Initiative der Gemeinnützigen Eigenheimgenossenschaft 60 Wohnungen in der Umgebung des Bahnhofs errichtet worden, bis 1939 werden es 190 Häuser mit 447 Wohnungen sein.

Stagnation – Radikalisierung – Militarisierung

Wenn sich auch in den Jahren der relativen Stabilisierung der unruhigen Weimarer Zeit seit 1925 eine positive Bevölkerungszunahme auf etwa 30.000 Einwohner abzeichnet, so kommt es nach 1929 zur erneuten Stagnation: Bis 1933, in den Jahren der auch in Lüneburg überhandnehmenden politischen Radikalisierung der antirepublikanischen Kräfte, steigt die Bevölkerung der Hansestadt lediglich auf 31.171 Einwohner.

Im Verlauf der 1920er Jahre wird den Belastungen durch Kriegsfolgekosten, Inflation, Arbeitslosigkeit noch mit Entschlossenheit entgegengetreten, ab 1933 hingegen werden andere Initiativen verfolgt. Zwar wächst die Bevölkerung Lüneburgs bis zum Ausbruch des Zweiten Weltkriegs auf 37.267 Einwohner an, doch geht diese Zunahme einher mit der forciert vorangetriebenen Militarisierung der Stadtgesellschaft. Im August 1935 wird der Stadt mitgeteilt, dass 2.100 Infanteristen und ebenso viele Kavalleristen nach Lüneburg verlegt werden sollen. Und auch die Artillerie solle mit 700 Soldaten in Lüneburg stationiert werden. Zudem ziehen 700 Flieger im Oktober 1937 in Lüneburg ein. Eilends werden daraufhin die Kasernen errichtet bzw. erweitert.

Auf Straßen geworfen – Das »Babylon an der Ilmenau«

In den letzten Kriegsmonaten wird die Stadt zum Zufluchtsort für viele Flüchtlinge; neben der einheimischen Bevölkerung drängen sich ausgebombte Hamburger, geflohene Flamen und Holländer, Kriegsversehrte, Zwangsarbeiter und Kriegsgefangene. Im Juni 1945 zählt Lüneburg mehr als 62.000 Einwohner, dazu bis zu 6.000 Kriegsgefangene, die als Zwangsarbeiter unter erbärmlichsten Umständen ein völlig menschenunwürdiges Dasein fristen.

Blick in ein Kriegsgefangenenlager in Lüneburg um 1945 – wahrscheinlich auf dem Gelände der Scheidemandel-Motardwerke am Schwalbenberg.

Im Herbst 1945 wird davon berichtet, dass sich nunmehr 16.474 Vertriebene und Flüchtlinge vornehmlich aus den ehemaligen Ostprovinzen in der Hansestadt befinden. Die Ankommenden werden in Privatquartieren untergebracht, aber auch in Tanzsälen und Turnhallen und anderen notdürftig hergerichteten Massenunterkünften.

Zu all diesen Menschen kommen – vorübergehend in der Lüner Kaserne untergebracht – 4.000 Displaced Persons, die häufig zu Zwangsarbeiten in verschiedenen Betrieben, nicht selten in der Rüstungsindustrie, eingesetzt worden waren. In diesen Tagen ist in der Lüneburger Presse von dem »Babylon an der Ilmenau« die Rede.

Es wird nicht übertrieben sein, dass im Herbst 1945 an die 80.000 Menschen die Stadt bevölkern. Seitens der Militärbehörden werden Zuzugssperren verfügt; die provisorische Stadtverwaltung setzt alles daran, den Menschen eine Bleibe noch vor dem Wintereinbruch zu verschaffen: Bis November 1945 sollen 172 von Bomben beschädigte Häuser wieder bewohnbar gemacht werden, 50 Notwohnungen werden am Heidkamp erstellt, insbesondere für diejenigen, die »in Eisenbahnwaggons, auf Dachböden, in Kellern, Schuppen und Ställen untergebracht« sind. Ernst Braune richtet als Oberbürgermeister unmissverständliche Appelle an die Stadtgesellschaft: »Wir müssen bauen!« An der Sülzmauer entstehen zahlreiche Wohnungen für Familien der Vertriebenen und Flüchtlinge; sie markieren den Anfang des nunmehr in großem Umfang einsetzenden Wohnungsbaus.

Doch trotz dieser lebhaften Bautätigkeit, der Erschließung neuer Wohngebiete etwa am Zeltberg und dem Bockelsberg oder rund um den Kreideberg, bleiben Baracken und Lager, Notunterkünfte und Behelfswohnungen für viele Menschen bis weit in die 1950er Jahre hinein alltägliche Unterkunft. Das Wohnungsproblem ist nicht das alleinige, das die Menschen in jener Zeit umtreibt. Es fehlt an allem: Kleidung, Möbel, Hausrat. Behördlich verfügte Hausratssammlungen, Wohlfahrtsveranstaltungen, auch individuelle Hilfsbereitschaft und Initiativen, helfen, die allergrößte Not in vielen Fällen zu lindern, doch gibt es auch Unmut, Ablehnung, Verweigerung.

Im September 1950 leben 58.189 Menschen in der Stadt. Inzwischen haben zahlreiche ehemalige Zwangsarbeiter und Kriegsgefangene Lüneburg verlassen. Etliche der aus ihrer Heimat Vertriebenen und Geflohenen sind umgesiedelt worden. Die meisten aber sind geblieben. Mit 11.344 Einzelpersonen stammen sie ganz überwiegend aus den ehemaligen Ostgebieten, vor allem aus Ostpreußen und Pommern, auch aus Mecklenburg oder Schlesien. Als Flüchtlinge aus der sowjetischen Zone werden zudem 3.182 und aus Berlin 1.718 Menschen registriert. Flüchtlinge und Vertriebene stellen mithin einen Bevölkerungsanteil von rund 36 % in Lüneburg.

Auch in den folgenden Jahren ändert sich daran wenig; die städtische Bevölkerung wächst nach wie vor, doch verläuft die Entwicklung nunmehr in ruhigeren Bahnen. Auch jene Flächen, die als »Grabeland« für die Selbstversorgung mit Gemüse, Obst und Kartoffeln vielen Familien von der britischen Militärregierung zugewiesen worden sind, werden nach und nach ihrem eigentlichen Zweck wieder zugeführt. Wenn sich so ganz allmählich eine verhaltene Normalisierung abzeichnet, so heißt das nicht, dass eine umfassende Integration der in Lüneburg angekommenen Flüchtlinge und Vertriebenen schon in den 1950er Jahren gelungen wäre.

Aufbruch und Vision – Urbane Modernität im Zeitgeist der 1970er Jahre

Mit dem Beginn der 1960er Jahre ist die größte Mühsal der Nachkriegsjahre bewältigt. Jetzt entsteht eine Aufbruchsstimmung, bilden sich geradezu visionäre Vorstellungen in Sachen Stadtentwicklung heraus. Lüneburg zählt gegen Ende der 1950er Jahre knapp 60.000 Einwohner, 1980 könnten es – so lässt der Oberstadtdirektor Walter Bötcher verlauten – 80.000 sein. Die Stadt würde in den Sog der aufstrebenden Metropole Hamburg geraten, Hochhäuser künftig Teile der Stadtsilhouette neu konturieren, eine Fußgängerzone der Altstadt neue Attraktivität verleihen.

Ein paar Jahre später nehmen diese Aussichten tatsächlich konkrete Gestalt an, als sich die Möglichkeit ergibt, weitläufige Flächen der einstigen von Witzendorffschen, seit 1813 von Bülowschen Güter in Kaltenmoor in städtisches Eigentum zu überführen. Es geht um nicht weniger als 130 Hektar für knapp sechs Millionen DM. Hier soll ein moderner Stadtteil in großzügiger Planung für 2.000 bis 2.500 Wohnungen für etwa 8.000 Menschen entstehen. Modelle des »modernsten Wohngebietes« in Niedersachsen werden entworfen, Landesmittel für deren Verwirklichung zugesagt. Am 28. Juni 1966 findet die offizielle Grundsteinlegung statt. Im August des folgenden Jahres ziehen 172 Familien in das erste mit 15 Stockwerken fertiggestellte imposante Hochhaus ein.

Bauunternehmer aus Hamburg und Lüneburg und der Gewerkschaftskonzern Neue Heimat lassen auf den ehemaligen Gutsländereien ein Stadtviertel mit Hochhäusern, Ein- und Mehrfamilienhäusern mit Gärten, eine Infrastruktur mit Einkaufszentrum, Parkanlagen, Kindergarten, Schule und Seniorenheim entstehen, das im Zeitgeist der späten 1960er und beginnenden 1970er Jahre den Ansprüchen von urbaner Modernität entspricht. 1970 leben in Kaltenmoor 3.115 Einwohner, Ende 2019 gut 10.000. Mit anderen Worten: Bei einer Gesamtbevölkerung Lüneburgs von 78.082 finden hier knapp 13 % aller Lüneburger ihr Zuhause. Ungefähr jeder vierte Bewohner Kaltenmoors ist ausländischer Herkunft; im übrigen

Stadtteilmodell Kaltenmoor. Besichtigung u. a. durch Oberstadtdirektor Hans Heinrich Stelljes.

Stadtgebiet sind es nicht mehr als 10 %. So entwickelt sich Kaltenmoor zu einem Quartier multikultureller Verdichtung und gibt ein gutes Beispiel für gelebte Vielfalt.

Bunt-belebte Wohnquartiere statt grauer Kasernen

Die weitere Entwicklung der Hansestadt und ihr Weg der Modernisierung setzt sich in den 1990er Jahren fort, als mit dem Ende des Kalten Krieges und der deutschen Wiedervereinigung militärische Einrichtungen an etlichen Standorten überflüssig werden. Ende 1997 reifen Pläne zur Konversion der ehemaligen Lüner Kaserne, die seit dem 19. Jh. Husaren, Dragonern, Kavalleristen als Standort gereicht hat. Hier entsteht der Lüne-Park, ein weitläufiges Areal mit 180.000 m², das nunmehr mit gewerblichen Unternehmungen, mehr als 1.000 zukunftsfähigen Arbeitsplätzen und Wohnungen gehobener Ausstattung besiedelt wird.

Doch die Nachfrage nach Wohnungen bleibt hoch angesichts des anhaltenden Wachstums der städtischen Bevölke-

LÜNEBURG ALS »ZUKUNFTSSTADT« MIT GESCHICHTE
Seit 2015 entwickeln Bürgerinnen und Bürger, Wissenschaft, Verwaltung und Politik im Wettbewerb des Bundesministeriums für Bildung und Forschung »Zukunftsstadt« Visionen für ein Lüneburg der Zukunft. Sie arbeiten gemeinsam an einem zukunftsfähigen Leitbild für die Stadt im Sinne der 17 Nachhaltigkeitsziele der Vereinten Nationen und entwickeln im »Reallabor Lüneburg« Projekte zu Wohnen, Leben und Wirtschaften in der Stadt.

rung. Zwischen 1990 und der Jahrtausendwende nimmt die Stadt um immerhin gut 4.500 Einwohner zu, vom Jahr 2000 bis 2019 erneut um mehr als 8.500 Menschen. Ähnlich wie der Lüner Kaserne ergeht es der Schlieffen- und Theodor-Körner-Kaserne. Mit dem Hanseviertel entsteht hier seit 2010 ein Wohnquartier, in dem mehr als 1.500 Menschen ein Zuhause finden. Der Bau weiterer 650 Wohnungen dauert seit 2019 im Hanseviertel-Ost an, hier wird ein lebendiges Quartierleben mit alternativen Wohnformen und -projekten wie bereits im benachbarten Speicherquartier eine Vielseitigkeit begründen, die im Einklang steht mit den »Experimenten« der Zukunftsstadt 2030.

Und so mag es denn sein, dass in der mehr als zweieinhalb Jahrzehnte andauernden Umwandlung von 300 Hektar ehemals militärischen Geländes in vielfältige zivilgesellschaftlich genutzte Projekte mit hoher Ausstrahlung auf die Stadt und ihre Bevölkerung und die sie umgebende Region, eben jenes »günstigere Glück« sich Geltung verschafft, von dem unter den Zeitgenossen des 18. Jhs. bereits die Rede war.

Pest – Cholera – Corona

Stets wiederkehrend brechen Seuchen und Epidemien über die Stadt herein, ziehen todbringend durch die Straßen und Behausungen. Verheerend wirken sich während der mittelalterlichen und frühneuzeitlichen Jahrhunderte die zahlreichen Pestzüge in der städtischen Gesellschaft aus – mehr als 30 Mal hinterlassen sie Tod und Verderbnis.

So 1350, als die Pest hier wie an vielen Orten Europas »dergestalt grassiret«, dass die Stadtobrigkeit »dieses Jahr annum pestilentia genant.« Bei Dirik Bromes, dem Schreiber des Lüneburger Rates, ist zu lesen, dass dieses Jahr ein Jahr großer Unmenschlichkeit gewesen sei. Hier wie vielerorts wird die Verantwortung für den Pestausbruch bei den in Lüneburg ansässigen Juden gesucht. Erstmals wird 1288 eine »Yodenstrate« in der westlichen Altstadt erwähnt; hier befindet sich der Betsaal der jüdischen Gemeinde und nachdem während des Pestausbruchs die hier lebenden jüdischen Bewohner umgebracht, missbraucht, vertrieben worden sind, werden die »Ratmannen von Lüneburg sowie die Bürger und die Gemeinde der Stadt« vom welfischen Herzog 1351 damit belohnt, dass er ihnen Schuldverpflichtungen erlässt, da »man die Juden erschlug«.

Pestzeiten in dichter Folge

1427 und 1428 kommt »nach dem warmen Winter [...] eine grosse Pestilenz«. 20 Jahre später verhält es sich nicht anders, 1484, 1516 und 1525 folgen weitere Pestzüge. Die überlieferten chronikalischen Aufzeichnungen berichten für das Jahr 1540, dass zahlreiche Bürger der Seuche zum Opfer fallen, »man hat [...] wenig Häuser gefunden, darin keine Krancke gewesen«. 1548 tritt die Seuche erneut in der Stadt auf. Wieder werden Massengräber auf den Kirchhöfen ausgehoben. Jetzt duldet der Rat keinerlei Menschenansammlungen, Hochzeiten dürfen

Das Epitaph in der Nicolaikirche gilt dem Gedenken an den Tod von sieben Kindern der Familie Scherzius, die alle an der im Jahre 1626 wütenden Pest starben.

nicht stattfinden, mehr als 20 Brauhäuser stellen ihren Betrieb ein. Mit besonderer Heftigkeit wütet die Seuche zwischen 1564 und 1566. Sie fordert wohl mehrere Tausend Opfer – in den zeitgenössischen Aufzeichnungen von Leonhard Elvers, dem Bürgermeister und Chronisten der Stadt, ist die Rede von mehr als 10.000. Der Schrecken über das Ausmaß der Seuche bringt manchen Beobachter vielleicht zu übertriebenen Zahlenangaben. Etliche Bürger der Stadt ersuchen den Stadtrat, die Gründung einer Getreuen Bruderschaft zu erlauben. Sie tritt seit dem 15. August 1565 als Toten- und Begräbnisgesellschaft in Erscheinung: Ihre Mitglieder verpflichten sich, die Toten zum Grab zu begleiten und deren Särge zu tragen.

Weit vor dem Bardowicker Tor richtet die Stadt im gleichen Jahr ein »pestilenzenhus« ein, das als Pestlazarett bis 1567 genutzt, dann geschlossen wird, aber nach zehn Jahren erneut als solches öffnet, weil 1577 die Pest wiederkommt und mehr als 600 Todesopfer fordert. Weitere Pestwellen folgen 1596 und 1603. Nicht nur dieses Mal gehen damit einher Teuerungen und Nahrungsknappheit, werden Grenzen zu benachbarten Regionen geschlossen, die Wachen an den Stadttoren verstärkt und strikt angewiesen, niemanden – ob mit oder ohne Pass – in die Stadt zu lassen.

Und dennoch bricht die Pest mit ganzer Wucht in den 1620er Jahren über die Stadt und ihre Menschen herein. Die Rede ist von 12.000 und mehr Opfern. In den Wirren des Dreißigjährigen Krieges ist die Stadt übervölkert, die hygienischen Zustände sind desaströs, zahllose Schweine, Ziegen und weiteres Kleinvieh durchziehen die Gassen, Abfallhaufen befinden sich allerorten.

Im Kampf gegen die Seuche: Ärzte – Behörden – Kirchen

Auch in Lüneburg sind in diesen Zeiten medizinische Schriften, die sich mit der Pest, ihren denkbaren Ursachen und ihrer möglichen Bekämpfung befassen, bekannt. Zu Beginn des 17. Jhs. nimmt Tobias Dornkrell als Stadtphysikus den Kampf gegen die Pest auf. Er verfasst Schriften und benennt die »verwesende Luft« und den »böse(n) Dunst des Erdreichs« als ursächlich für die Pest. So auch Mathaeus Bacmeister, der seit 1616 als Stadtphysikus in Lüneburg agiert. Beide plädieren dafür, Schulen und private Häuser mit Rauchwerk zu reinigen, Straßen und öffentliche Plätze strikt reinzuhalten, Begegnungen konsequent einzuschränken, am besten ganz zu vermeiden, Infizierte oder Verstorbene auf keinen Fall zu berühren. 1626 jedoch erliegt auch Bacmeister wie 1605 bereits Dornkrell der Seuche.

Zwischen 1709 und 1715 tritt die Epidemie wohl letztmalig in Lüneburg in Erscheinung, und bei weitem nicht in den Ausmaßen, wie noch 50 Jahre zuvor. Die Fortschritte in der Medizin, im Gesundheitswesen und der behördlichen Organisation, in der Professionalisierung von Ärzten und Apothekern führen dazu, dass Seuchen nicht mehr jene katastrophalen Auswüchse annehmen.

Blattern – Die Geißel des 18. Jahrhunderts

Es sind vor allem die Blattern, die als Geißel des 18. Jhs. hauptsächlich Säuglinge und Kinder trifft und auch in Lüneburg vermehrt im Verlauf der zweiten Jahrhunderthälfte in Erscheinung tritt. Anders als in vorangegangenen Jahrhunderten setzt ein breit geführter Diskurs in Zeitschriften und Journalen ein, erscheinen zahlreiche Artikel zur Aufklärung in dem auch in Lüneburg gelesenen »Hannöverischen Magazin«. Daran beteiligen sich auch Lüneburger Ärzte wie der Stadtphysikus Georg Heinrich Volger, der gegen Ende des 18. Jhs. eine Blatternimpfung durchführt. Im Austausch mit Kollegen in Hannover und Göttingen befasst er sich intensiv mit der hohen Kindersterblichkeit seiner Zeit und veröffentlicht seine Beobachtungen.

Seit dem Ende des 18. Jhs. werden Schutzimpfungen institutionalisiert, doch treffen die Impfungen auf nicht wenige Vorbehalte. Während der französischen Besetzung wird das Impfwesen straffer organisiert, Impfempfehlungen geraten zur Impfpflicht, Versäumnisse werden unter Strafe gestellt, Impflisten regelmäßig eingefordert. Und dies zeigt – trotz einiger Nachlässigkeiten – Erfolg.

Stadt in Panik: Nach Pest und Pocken die Cholera

Kaum eine andere Seuche hat Regierung und Behörden, Ärzte, Pastoren und Lehrer, aber auch die gesamte Bevölkerung seit dem ersten Drittel des 19. Jhs. so sehr in Panik versetzt, wie die gefürchtete asiatische Cholera. Im Oktober 1831 wird aus Hamburg der erste Cholera-Ausbruch gemeldet. Zunehmende Nachrichten von beängstigend hohen Todeszahlen führen zu vorbeugenden Maßnahmen in allen benachbarten Gegenden, auch im Lüneburgischen: Schon im Herbst 1830 werden Soldaten der Garnison an die Elbe befohlen, um dort einen Sicherheitskordon zu bilden, Wachposten rund um die Stadt instruiert, Reisende, Händler, Fußvolk schlechthin wenn überhaupt, nur mit einem gültigen »Gesundheits-Certificat« ins Land, in die Stadt gelangen zu lassen. Gleichzeitig werden Vorbereitungen »wegen der Errichtung von Hospitälern« getroffen.

Im Oktober 1831 erreicht die Cholera die Stadt. Sie breitet sich rasch aus. Das Pastoratsgebäude bei St. Johannis wird eilends zum Not-Hospital hergerichtet. Bereits bis Ende November sind 76 Lüneburger erkrankt, von ihnen sterben 45 innerhalb kürzester Zeit, darunter acht Kinder. Die Erkrankten und Verstorbenen entstammen überwiegend den unteren sozialen Schichten aus den engen, nicht selten verwahrlosten Quartieren entlang der Ilmenau im Wasserviertel. Dr. Ernst Münchmeyer bemerkt 1832, dass nahezu alle von der Cholera infizierten Häuser ihr Trinkwasser direkt der Ilmenau entnehmen. Doch die Epidemie wirkt fort, tritt von 1832 bis 1859 noch siebenmal in der Stadt mit hoher Sterblichkeit auf. Insgesamt fallen in diesen Jahren 939 Lüneburger der Seuche zum Opfer.

Seuchengeschichte: Kontinuitäten und Zäsuren zwischen Pest und Corona

Dieser eher schlaglichtartige Einblick in die Geschichte der Seuchen lässt deutlich werden, dass viele der in der Vergangenheit getroffenen Maßnahmen auch in der Gegenwart noch ihre Bedeutung haben, dass es durchaus Parallelen gibt, aber

HOSPITÄLER

HINTERGRUND

Zwar gibt es in Lüneburg seit 1784 zwei außerhalb der Sülzmauer gelegene Krankenhäuser, doch sind sie baufällig, die Kammern eng, feucht und dumpfig; auch fließen in ihrer unmittelbaren Nähe die Kloaken zusammen. Klagen über die vorherrschenden Zustände werden zunehmend lauter und münden in dem Bedürfnis nach einem weiteren und zweckmäßigeren Hospital, das mit dem Armenwesen in Verbindung gesetzt werden solle. Doch nicht alle armen Kranken seien hier zu versorgen, sondern nur jene, die an keiner unheilbaren Krankheit litten. Auch fremde Reisende seien hier aufzunehmen und Leute ohne Angehörige oder solchen, von denen keine Versorgung zu erwarten sei. In den Blick genommen wird ein Gebäude auf dem Wandrahm, das vorher eine Kattunfabrik beherbergt hatte. Geplant werden sechs Betten in drei Kammern. 1787 wird es als Hospital eingerichtet, doch ist es bereits in den Jahren um 1800 völlig ungeeignet: In der zweiten Etage – so beklagt der Armenarzt Dr. Fischer – halte sich dort zahlreiches Federvieh auf. 1830 wird es von Überschwemmungen der nahen Ilmenau stark beschädigt, außerdem – so der Stadtphysikus Hillefeld – könnten Wind, Regen und Schnee allenthalben durchstreichen. Dennoch wird es in den folgenden Jahrzehnten mehr oder weniger unverändert genutzt, bis im April 1869 ein neues Krankenhaus eröffnet, das aus Sicht der Ärzte aber allenfalls ein Provisorium sei und bestenfalls einem dringenden Notstand abhelfe. Ihre Sorge erweist sich als berechtigt: Erst im Oktober 1900 kann ein Krankenhaus seinen Betrieb aufnehmen, das den nötigsten Anforderungen entspricht. Bis dahin dient das Hospital auf dem Wandrahm als Seuchenkrankenhaus und zur Aufnahme von psychisch Kranken.

auch Unterschiede. Ebenso zeigt sich, dass im Umgang mit den für notwendig erachteten Entscheidungen sich eine Vielfalt äußert, in der sich weitgehende Akzeptanz, partielle Ablehnung, ärgerlicher Unmut, missachtende Ignoranz und gedankenlose Fahrlässigkeit abbilden.

Unsere Gegenwart ist beherrscht von einem Virus, das in kurzer Zeit die Welt im globalen Zeitalter in Atem hält. Corona führt dies seit Ende 2019 alltäglich vor Augen, ruft – eng vernetzt – Krisenstäbe an allen Orten der Welt auf den Plan, füllt eine schier unbegrenzte mediale Aufmerksamkeit aus und beherrscht den Alltag mit einer Intensität, die kaum ein zweites Thema neben sich duldet.

Die gegenwärtig getroffenen Maßnahmen erinnern sehr an Strategien zur Eindämmung ausgebrochener Seuchen bereits in den vergangenen Jahrhunderten. Ob Pestwellen des Mittelalters oder die Cholera im 19. Jh. – im einen wie im anderen Fall werden Grenzen bewacht, auch geschlossen, Versammlungsverbote ausgesprochen, Reise- und Handelsbeschränkungen auferlegt, Schulen und Kirchen verschlossen, wird Quarantäne wie bereits vor mehr als 600 Jahren in Venedig (1374) verhängt, als die Stadt einem pestverdächtigen Schiff die Hafeneinfahrt für 40 Tage versagt.

Und dennoch liegen die Dinge heute anders als damals. Ein zweiter Blick auf die quantitativen Auswüchse der Pandemien macht Relativierungen möglich: Während die recht dicht aufeinanderfolgenden Pestwellen des Mittelalters und der beginnenden Neuzeit ganze Landstriche geradezu entvölkern, die städtische Bewohnerschaft in beängstigender Weise ausdünnen, nimmt sich die Sterblichkeit durch Corona in unseren Tagen deutlich geringer aus. Dies soll die tödliche Gefährlichkeit der Seuche keineswegs verharmlosen, sondern ist vielmehr als Verweis darauf zu verstehen, dass offensichtlich im Verlauf der Geschichte und aus den Erfahrungen mit ihr gelernt worden ist – und dies in mehrfacher Hinsicht.

Stadtpolitik im Wandel

Historische Reminiszenzen: 1586, 1956, 2012

Entschlossen und ernst schaut er sein Gegenüber an. Nach der neuesten, spanischen Hofmode gekleidet in vornehmem Schwarz mit hochgeschlossener Halskrause und dem Spanischen Hut, mit Accessoires ausgestattet, die ihn als wohlhabenden Patrizier ausweisen: schwarze Handschuhe aus feinem Leder in der linken Hand, in der rechten einen Bisamapfel – eine fein verzierte Silberkugel, gefüllt mit wohlriechenden Substanzen. Die antiken Säulen und die lateinische Inschrift auf dem Gemälde bilden die Bezugspunkte, mit denen der Lüneburger Bürgermeister Heinrich VIII. Töbing als »Mensch der Renaissance« inszeniert wird. Alles passt zusammen, jedes Detail ist sorgfältig überlegt. Die Inschrift verrät etwas über das Selbstverständnis des Porträtierten: »Dies ist das lebensvolle Abbild des Heinrich Töbing, des Bürgermeisters; aber den Geist zu malen, ist keinem möglich.« Bei aller äußerlichen Prachtentfaltung geht das, was aus dem menschlichen Geist heraus geschaffen wird, über das hinaus, was ein Bild wiedergeben kann: Tugend, Gemeinsinn, Weisheit, politischer Weitblick. Die Berufung auf die antiken Vorbilder wird zur handlungsleitenden Maxime einer politischen Elite, die durch ihr Tun, ihren Geist, eine nachhaltige Wirkung zum Wohle des Gemeinwesens entfaltet. Das Porträt des Lüneburger Bürgermeisters Heinrich VIII. Töbing aus dem Jahr 1586 ist ein symbolträchtiges Zeugnis Lüneburgs in der Zeit der Renaissance.

Szenenwechsel: Am 15. September 1956 beginnt in der Stadt eine besondere Festwoche. In diesem Jahr feiert man das tausendjährige Bestehen der Stadt. Das Original der mittelalterlichen Stadtrechtsurkunde ist zwar nicht mehr vorhanden, jedoch bestätigt die Urkunde vom 13. August des Jahres 956, nach der Otto der Große den Zoll zu Lüneburg an das Michaeliskloster gibt, die Existenz des Ortes. Mit dieser Ersterwähnung wird später eine jahrhundertelange Tradition von Stadtfesten der besonderen Art begründet: die »Sülfmeistertage«. 1956 greift man tief in die Tasche und präsentiert der Stadtbevölkerung ein beeindruckendes Schauspiel. Im Umzug der Vereine und Innungen, der Gewerke und Geschäfte ist auch eine kleine Gruppe von »Stadtmilizen« in historischen Kostümen unterwegs, um das mächtige Tor der herzoglichen Burg zu präsentieren. Triumphierend ob des Sieges der Bürger Lüneburgs über die herzogliche Macht im »Schicksalsjahr« 1371 wird das hölzerne Tor – immerhin das Original – mit seinen eisernen Bändern und Dutzenden verzierten Nägeln durch die Stadt getragen. Was heute gut geschützt im Museum aufbewahrt wird, entfaltet zur Tausendjahrfeier der Stadt 1956 noch seine identitätsstiftende Funktion und erinnert an die große Geschichte der kleinen Stadt.

Erneuter Szenenwechsel: Ein sonntäglicher Gottesdienst in St. Johannis. Anlässlich des Hansetages 2012, für den sich die Stadt besonders herausgeputzt hat, zieht der Rat der Stadt feierlich in historischen Gewändern in die Kirche ein, allen voran der Oberbürgermeister Ulrich Mädge in einem Umhang aus tiefrotem Samt. So gekleidet wohnt die Politik dem Gottesdienst in der Johanniskirche bei, der Kirche, die schon im Mittelalter als Ratskirche eine besondere Bedeutung für das städtische Patriziat besitzt.

Grundzüge der Stadtpolitik

Was verbindet den Renaissance-Menschen Heinrich Töbing, die Tausendjahrfeier der Stadt und die Teilnahme der Stadträte an einem Gottesdienst?

Bestimmte Charakteristika der Lüneburger Stadtpolitik ziehen sich durch die Geschichte, tauchen immer wieder auf und werden zu Traditionslinien, derer man sich bemächtigt, wenn es den verfolgten Zielen dient. Mit Heinrich Töbing verschreibt sich ein Bürgermeister des 16. Jhs. dem Wohl der Stadt und findet in der Antike die Wurzeln seines Handelns. 1956

Heinrich VIII. Töbing (1524–1586). Tafelmalerei auf Eichenholz, Lüneburg 1586. – Das Porträt zeigt Heinrich Töbing als selbstbewussten Patrizier. 1544 wird er Sülfmeister, 1551 Barmeister, 1554 Ratsherr und seit 1557 steht er als Bürgermeister an der Spitze der Hansestadt.

wiederum inszeniert das Stadtmarketing zur Tausendjahrfeier das alte Burgtor als Symbol bürgerlicher Emanzipation von fürstlicher Herrschaft. Und der Stadtrat verkörpert in historischem Gewand beim Gottesdienst Geschichtsbewusstsein und Hansestolz. Alle drei Szenen stehen in einer Traditionslinie; die kollektiv geteilte Vergangenheit stiftet ein Wir-Gefühl und schafft Identität.

Von der Residenz- zur Bürgerstadt

Lange bevor die Lüneburger 1371 ihren Herzog aus der Stadt vertreiben, setzt eine umfangreiche Bautätigkeit ein. Im Mittelalter und der beginnenden Neuzeit sorgen die politisch Verantwortlichen selbst dafür, dass ihr Wirken dokumentiert und der Nachwelt überliefert wird. Die Ratspolitik der Zeit findet sich in den Chroniken wieder, die zum überwiegenden Teil aus der Feder der Bürgermeister und Ratsherren fließen. Der Bürgermeister Heinrich Lange schreibt 1455/56 über den »Prälatenkrieg«, die Streitigkeiten des Rats mit den Geistlichen über die Schulden der Stadt. Dirick Döring ist der Autor der »Lüneburger Chronik bis 1414«, Jakob Schomaker Verfasser der »Schomaker-Chronik« 1561 – diese ratsnahe Geschichtsschreibung spiegelt das Denken und Handeln der zeitgenössischen Politiker eindrucksvoll wider.

Es scheint bezeichnend zu sein, dass sich in den Quellen keine Beschreibung der Burg auf dem Kalkberg erhalten hat, dass es keine bildlichen Darstellungen gibt. Lediglich einige Exponate sind geblieben – »Beutestücke«, die die Bürger bei der Erstürmung der Burg an sich nehmen, um sie in das wichtigste Gebäude der städtischen Autonomie, das Rathaus, zu schleppen. Das Burgtor, ein prächtiger, farbig bemalter Falttisch, eine Marmorsäule sind als Relikte herzoglicher Macht- und Repräsentationsgewalt im Museum Lüneburg überliefert. Andere Stücke wie Schwerter und Rüstungen zieren die musealen Räume im Rathaus. Bemerkenswert ist, dass in der Historiografie der Stadt die Burg lediglich auftaucht als Objekt ihrer Zerstörung.

Kleine Stadtgeschichten
DEUTSCHLAND UND EUROPA ENTDECKEN –
KOMPAKT & FUNDIERT
Peter Engels
Darmstadt
Kleine Stadtgeschichte
Hans Ammerich
Speyer
Kleine Stadtgeschichte
Astrid Hansen
Flensburg
Karin Dengler-Schreiber
Bamberg
Kleine Stadtgeschichte
VERLAG FRIEDRICH PUSTET
Peter Kalchthaler
Freiburg
Kleine Stadtgeschichte
VERLAG FRIEDRICH PUSTET
Memmingen
Kleine Stadtgeschichte
VERLAG FRIEDRICH PUSTET

Jede Kleine Stadtgeschichte

- › bietet einen auf das Wesentliche konzentrierten Überblick über die Geschichte der jeweiligen Stadt – von ihren Anfängen bis zur Gegenwart
- › ist von einem ausgewiesenen Kenner der Stadt verfasst.
- › ist ein wertvoller Reisebegleiter für die Besucher und unentbehrliches Nachschlagewerk sowie Geschenkband für die Bewohner.
- › enthält Stadtplan, Zeittafel, Register, zahlreiche Abbildungen und weiterführende Literaturhinweise.
- › kostet € (D) 14,95*.

* Ausnahmen: Deggendorf, Pilsen, Regensburg – A Short History, Zürich

Johannes Laschinger

Amberg

Kleine Stadtgeschichte

Ein Buchtipp von Diwan, dem Büchermagazin auf Bayern 2!

176 S., 35 z. T. farb. Abb.
frz. Broschur
ISBN 978-3-7917-2652-6
auch als eBook

Bernd Mayer

Kleine Bayreuther Stadtgeschichte

168 S., 48 Abb., kart., ISBN 978-3-7917-2266-5

Jochen Rath

Bielefeld

Eine Stadtgeschichte

Die Stadt am Teutoburger Wald gibt es wirklich – und sie ist als solche seit 1214 nachweisbar. Jochen Rath erzählt die Geschichte Bielefelds als Ort der Kultur, der Wirtschaft und der Menschen.

176 S., 40 z. T.farb. Abb., kart.
ISBN 978-3-7917-3119-3
auch als eBook

Karin Dengler-Schreiber

Bamberg

Kleine Stadtgeschichte

»Ein lesenswerter Einstieg in die Historie des Welterbes.«
MEIN SCHÖNES LAND

4., aktual. Aufl.
160 S., 39 z. T. farb. Abb., kart.
ISBN 978-3-7917-3211-4
auch als eBook

Stefan Pätzold

Bochum

Kleine Stadtgeschichte

168 S., 38 z. T. farb. Abb., kart.
ISBN 978-3-7917-2929-9
auch als eBook

Seit 1247, seit der Stadtrechtsverleihung durch Herzog Otto I. (Otto das Kind) von Braunschweig-Lüneburg, ist Lüneburg eine selbstverwaltete Stadt mit freien Bürgern, die von allen Abgaben und Zöllen befreit sind – ausgenommen dem Salzzoll, den sich der Herzog nicht entgehen lässt. Auch wenn der vom Herzog eingesetzte Vogt formal oberster Richter und Verwaltungsbeamter ist, setzen die Lüneburger alles daran, die ihnen zugestandene Selbstverwaltung stetig auszuweiten und das Stadtregiment selbstständig zu führen.

Schon ein gutes Jahrhundert nach der Stadtrechtsverleihung gibt es einen Rat der Stadt, vier vom Rat gewählte Bürgermeister und eine recht differenzierte Ratsverfassung. 1369 verpfändet der in notorischen Geldnöten stehende Herzog die Stadtvogtei an den Rat, und so wundert es nicht, dass nun auch das letzte Symbol herzoglicher Macht und Präsenz in der Stadt – die Burg – dem Autonomiestreben der Stadt zum Opfer fällt und aus dem Stadtbild verschwindet.

Der »Donat« und die Stadtgesetzbücher

Die erhaltenen mittelalterlichen Stadtbücher von Lüneburg – jenes von 1290 ist eines der ältesten Stadtbücher in Norddeutschland – geben Auskunft über die Stadtpolitik. Die »Ratmannen« sind zugleich Sülfmeister, das heißt, sie besitzen Anteile an den Siedepfannen der Saline. Wohlstand und Ansehen sind wichtige Voraussetzungen für die Mitgliedschaft im Rat. Schon damals gibt es den Kämmerer sowie Verantwortliche für das Bauamt, für die Kirchen, den Holzlagerplatz und die Stadtweiden, für den Ratsziegelhof und auch für den Ratswein- und Ratsbierkeller sowie die Münze, denn das Münzrecht ist seit 1293 im Besitz der Stadt.

Um Regeln und Umgangsformen innerhalb des städtischen Gemeinwesens festzulegen, wird 1401 ein Stadtgesetzbuch, der »Donat«, geschaffen, in dem die Rechte und Pflichten der Bürger festgeschrieben sind: ein umfangreicher Katalog an Aufgaben, die die Bürger im Sinne des kommunalen Gemeinwohls zu leisten haben. Sie reichen von der Brandbekämpfung bis zum Wachdienst, von der Verpflichtung der Maurer und Zimmerleute für die städtischen Bauprojekte bis zur Straßenreinigung, vom Kauf und Verkauf auf den Märkten bis zur Verfügung, dass Gebäude und Grundstücke nur an Lüneburger Bürger verkauft werden dürfen.

Auch für Rechtspflege und Rechtsprechung ist der Rat zuständig. Bis heute kann man an zentraler Stelle an der Nordostecke des Rathauses sehen, wie hier im Mittelalter öffentlich Recht gesprochen wurde. Das Nieder- oder Marktgericht findet unter dem »richtehuse« statt. Bemerkenswert sind die drei von Daniel Frese 1607 geschaffenen Gemälde in den Nischen. Eines davon zeigt das Lüneburger Stadtwappen. Bei Prozessbeginn wird es aufgeklappt und bildet einen Baldachin für den darunter sitzenden Richter. Über dem Haupt des Richters zeigt sich die Heilige Dreifaltigkeit, hinter ihr ist das Salomonische Urteil abgebildet, an den Seitenwänden Ölgemälde auf Holztafeln, die unter anderem das Jüngste Gericht zeigen – Mahnung, dass auch die Richter der höheren Gerechtigkeit Gottes unterstehen.

Die »gute Regierung« und ihre Vorbilder

Auch wenn Stadtpolitik in der vormodernen Zeit von Männern gemacht wird, ist es doch bemerkenswert, dass es die Frauen sind, die den Männern die Leitbilder vorgeben. Wie viele Frauen allein dem Betrachter und Besucher des Lüneburger Rathauses entgegentreten: Es sind die stummen Frauen, die als allegorische Figuren die Fassade prägen. An der zum Markt hin ausgerichteten Außenfassade blickt man auf Severitas (Strenge), Veritas (Wahrheit), Clementia (Milde), und auf den Gemälden von Daniel Frese tummeln sich Sapientia (Weisheit), Pax (Frieden), Pietas (Frömmigkeit), Honestas (Ehrbarkeit), Continentia (Enthaltsamkeit), Constantia (Beständigkeit) und viele weitere weibliche Figuren in prächtigem Gewand.

Diese Tugenden geben den Verantwortlichen im Rathaus die Leitmotive ihres Handelns vor. Im Inneren des Rathauses setzt sich mit dem überwältigenden Bildprogramm von Daniel

Niedergericht am Lüneburger Rathaus. Seit 1607 ist das Niedergericht unverändert geblieben und einschließlich des beweglichen Baldachins bis heute vollständig intakt: ein bemerkenswertes Zeugnis der Unversehrtheit der historischen Bausubstanz Lüneburgs.

Frese diese Botschaft fort. Vorbilder finden sich in den italienischen Stadtrepubliken wie Florenz oder Venedig, ähnliche Ausführungen im Rathaus von Siena. Von Lüneburg aus richtet sich der Blick auf Europa, das nicht nur durch die Handelsbeziehungen und die Zugehörigkeit zur Hanse den Horizont bildet, sondern auch durch die neuen politischen Ideen und Theorien zu einem Referenzrahmen wird. Eine freie, der Gerechtigkeit und dem Gemeinwohl verpflichtete Auffassung von kluger Regierung kennzeichnet die politisch Verantwortlichen in dieser Zeit. Bildung und Gelehrsamkeit sind ihnen wichtig, und zwar nicht nur für die Eliten in der Stadt.

Das Ende der Sülfmeister

Im Verlauf des 16. Jhs. endet die Blütezeit Lüneburgs und mit ihr die hart erkämpfte Souveränität der stolzen Hansestadt. Zunächst leise, dann lauter werdende Kritik an der Ratsverfas-

SOZIALE FÜRSORGE UND PATRIZISCHES SELBSTVERSTÄNDNIS

Die Armenfürsorge wird als wichtiges Element der städtischen Daseinsvorsorge betrachtet. Neben der kirchlichen Caritas sorgt eine Vielzahl von Bruderschaften, Gilden, aber auch einzelnen Privatleuten durch die Einrichtung von Hospitälern und Stiftungen für die Armen, die Kranken und alle diejenigen, die am Rande der Gesellschaft stehen.

Ein Beispiel für die Sozialfürsorge eines städtischen Bürgermeisters aus der Zeit der Renaissance ist Hinrich Garlop. Er gehört zu den rund 30 Patrizierfamilien in Lüneburg, die sich gebildet den humanistischen Idealen zuwenden und selbstbewusst bürgerlichem Stolz Ausdruck verleihen. Garlop initiiert beim Rathaus die ersten Reihenhäuser mit mehreren Wohnungen für die sog. »reitenden Diener«, eine kleine Stammtruppe des Lüneburger Rates. Mit drei Inschriftentafeln und insgesamt 37 Wappenmedaillons aus Terrakotta sorgt die Familie dafür, dass dieses Bauvorhaben – eine Frühform des sozialen Wohnungsbaus – in Erinnerung bleibt, bis heute. Zwei der Bronzetafeln enthalten Zitate aus der griechischen Antike von Euripides und Thukydides, die dritte Tafel erinnert an den Bauherren: »Herr Hinrich Garlop, ein durch außerordentliche Tüchtigkeit, Weisheit und Lauterkeit ausgezeichneter Mann. Hat, als er das Amt des Ratmannes neun und das des Bürgermeisters zwanzig Jahre ausübte, aus eigenem Antrieb und eigener Freigebigkeit und allein bewogen durch eine Gesinnung, die wahrhaft burgermeisterlich und gegen seine Vaterstadt, den Rat und die Einwohnerschaft Lüneburgs gütig und freundlich und zum Wohltun in hohem Maße bereit war, beschlossen, dieses herrliche Gebäude zum Schmuck und Glanz seiner Vaterstadt und zum Vorteil und Nutzen des hochangesehenen Rates […] errichten lassen.«

sung kommt auf. Wirtschaftlich potente Zuwanderer mit neuen Ideen und besten Verbindungen wollen teilhaben an der politischen Macht. Sie nehmen Anstoß an der immer gleichbleibenden Oligarchie des Rates, der aus wenigen, alteingesessenen patrizischen Familien besteht, die unter sich bleiben wollen. Diese verwehren u. a. der Familie Stern den Zugang zum Sülfmeisterkollegium mit geradezu lächerlichem Statusgebaren. Die »Sterne« kommen Ende des 16. Jhs. nach Lüneburg, um hier eine Druckerei einzurichten. Sie besteht bis heute und ist die am längsten im Familienbesitz stehende Druckerei Europas.

Doch den Ratsfamilien gelingt die Exklusivität auf Dauer nicht. Zu stark sind die Strömungen der kommenden Zeit, zu stark die wachsende Kritik aus der Bürgerschaft über ordnungswidrige Verhältnisse. Und zu stark sind auch die Landesherren, die Herzöge von Braunschweig-Lüneburg, die in den Jahren des Dreißigjährigen Krieges der von äußeren Mächten bedrohten Stadt zu Hilfe kommen und sie vor Belagerung und Zerstörung zu bewahren vermögen.

Ein erstes Zeichen ist die neue Ratsverfassung, die durch herzogliche Verordnungen 1619/1639 zustande kommt. Mit ihr finden die langjährigen Rangstreitigkeiten ein Ende; das Privileg der exklusiven Besetzung der Ratsherren- und Bürgermeisterämter gerät in Auflösung. Der Rat besteht künftig aus 16 »Ratmannen«, von denen acht aus dem Patriziat stammen. Die übrigen sind bürgerliche Senatoren aus den Kreisen der Brauer und Kaufleute.

In den folgenden Jahrzehnten verliert der Rat an Einfluss und muss es sich gefallen lassen, dass den herzoglichen Verordnungen aus Celle Folge zu leisten ist. Die Zeit der Sülfmeister ist zu Ende. Manche geraten in prekäre Vermögensverhältnisse, andere verlassen die Stadt, wieder andere Familien sterben aus. Am Ende des 18. Jhs. leben nur noch die Nachfahren von drei Patrizierfamilien in der Stadt.

Einen Vorteil jedoch hat die politische und wirtschaftliche Flaute – die Konservierung der historischen Bausubstanz. Im 18. Jh. entstehen kaum neue öffentliche Gebäude. Im Rahmen der Umgestaltung des Rathauses im barocken Stil der Zeit reicht es nur für die zum Markt hin ausgerichtete Ostfassade. Und der Huldigungssaal, der 1706 in Rekordzeit im Rathaus eingerichtet wird, hat zunächst nur den einen Zweck: der Huldigung des Kurfürsten Georg Ludwig I. von Hannover auf seinem Weg zur Krönung in England einen angemessenen Raum zu schaffen.

Wappentafel der Lüneburger Patriziergeschlechter, Teil 1 von 2. Kolorierter Kupferstich von Johann Heinrich Büttner, Lüneburg 1704. – Büttner hält auf den Tafeln die Wappen der Lüneburger Patriziergeschlechter fest – ein exklusiver Kreis, zu dem nicht jeder Zutritt hatte.

Ansonsten wird wenig gebaut in der Stadt. Die finanzielle Not zwingt den Rat sogar, einzelne städtische Gebäude zu verkaufen, um die Unterhaltskosten nicht länger tragen zu müssen. Auch wird wenig modernisiert, und so bleibt die heute vielfach bestaunte Altstadt mit ihren mittelalterlichen und frühneuzeitlichen Gebäuden erhalten – Armut konserviert.

Reformen in Politik und Verwaltung

Die Impulse für die Wiederbelebung des städtischen Lebens kommen gegen Ende des 18. Jhs. und im Laufe des 19. Jhs. sowohl aus der Wirtschaft als auch von der Landesherrschaft. 1866 endet nach über 700 Jahren die Herrschaft der Welfen im Fürstentum Lüneburg. Die Stadt wird Sitz des Regierungsbezirks im nunmehr zur preußischen Provinz gewordenen Hannover. Und das wird offensichtlich Zeit, findet auch der Chronist Volger, der den Zustand der Lüneburger Stadtpolitik um die Mitte des 19. Jhs. mit deutlichen Worten charakterisiert: »Innere Fäulnis: Mangel an Gemeinsinn bei Obrigkeit und Bürgerschaft, Hangen am alten Schlendrian, die gewissenlose Nachlässigkeit und Selbstsucht, [...] völlige Gleichgültigkeit gegen das Gemeinwesen, [...] der fressende Schwamm in den Grundfesten des städtischen Verfassungsgebäudes.«

Mit der bereits 1846 eingeführten Kommunalverfassung kommt eine neue politische Führungsschicht in die Verantwortung für das städtische Gemeinwesen: gut ausgebildete Juristen und Verwaltungsbeamte sowie Bürgervorsteher aus den Kreisen der Unternehmer, der Kaufleute und Gewerbetreibenden. Die professionelle Verwaltungsstruktur greift auf die Reformvorhaben des preußischen Staatsmanns Heinrich Friedrich Karl vom und zum Stein zurück. Er legt bereits 1808 den Entwurf für eine Kommunalreform vor, mit der eine effiziente Verwaltung geschaffen wird.

Der Lüneburger Magistrat besteht seit 1846 aus sieben auf Lebenszeit gewählten Mitgliedern: dem Oberbürgermeister, dem Stadtsyndikus und fünf Senatoren, von denen zwei Juristen sein und zwei aus dem Kreis der gewerbe- und handeltreibenden Bürgerschaft stammen sollen. Zudem gibt es den Stadtsekretär, den Kämmerer, den Stadtbaumeister, den Stadtförster und den Stadtphysikus, der für das Gesundheitswesen zuständig ist. Im Kollegium der Bürgervorsteher, dem auf sechs Jahre gewählten Gemeinderat, sitzen je drei Bürgervertreter aus den vier Stadtteilen. Wahlberechtigt sind männliche Bürger, die Grund und Boden in der Stadt besitzen; nicht wählen oder gewählt werden dürfen »Frauenzimmer«.

BIOGRAFIE

MARCUS HEINEMANN – EHRENBÜRGER DER STADT, »EIN GUTER TREUER BÜRGER«

Marcus Heinemann (1819–1908) ist ein weit über die Grenzen der Stadt hochangesehener Kaufmann und Bankier, Gründer und treibende Kraft vieler sozialer Initiativen in Lüneburg. 1908 wird er zum Ehrenbürger der Stadt ernannt. Als Vorstandsmitglied der Handelskammer, Mitbegründer des Bürgervereins und des Fürstentum-Museums, Vorsitzender des Aufsichtsrats der Portland-Zement-Fabrik und Mitglied im Aufsichtsrat des Lüneburger Eisenwerks ist er vielfach vernetzt in der Stadt, und man ehrt ihn als »tüchtigen Kaufmann und guten, treuen Bürger«. Mit seiner Frau Henriette hat er 17 Kinder, von denen 13 das Erwachsenenalter erreichen. Er erlebte nicht mehr, wie seine Nachfahren dem nationalsozialistischen Rassenwahn zum Opfer fallen. Zwei Kinder und 13 Enkelkinder werden im Holocaust ermordet. Der Besitz der Familie wird versteigert, auch das Museum profitiert davon. Die Historikerin Anneke de Rudder, Provenienzforscherin am Museum Lüneburg, erforscht die damaligen Vorgänge und macht über 50 Nachfahren der Familie in aller Welt ausfindig. Im Sommer 2015 findet ein Familientreffen in Lüneburg statt und es kommt zur Restitution der unrechtmäßig erworbenen Objekte. Diese bleiben als Dauerleihgabe im Museum, dem die Geschichte der Juden in Lüneburg ein besonderes Anliegen ist.

Wohl nicht von ungefähr bringt der städtische Jahresabschluss 1856 statt des gewohnten Defizits erstmals einen Überschuss. Höhere Steuereinnahmen kommen der Infrastruktur zugute; nicht nur die Straßenpflasterung wird erneuert. Breite »Bürgersteige« sorgen für bequeme Promenaden, neue Brunnen für gutes Trinkwasser, mehr und bessere Straßenlaternen für sichere Wege.

Die Gründerzeit – Mäzene und Honoratioren

In den Gründerjahren des Kaiserreichs erlebt die Stadt als Verwaltungszentrum einen echten Aufschwung. Das preußische

Regierungspräsidium, die Behörden der Stadt- und Kreisverwaltung, Bahn und Post, das Amts- und Landgericht und das Militär lassen die Zahl der Beamten und Angestellten steigen und bringen für die Wirtschaft wichtige Impulse. Nun wird auch wieder gebaut. Es entstehen öffentliche Gebäude wie das Post- und Telegrafenamt (1889/90) und das Krankenhaus (1899), die Heil- und Pflegeanstalt (1900), eine Volksbadeanstalt (1902), die Reichsbank (1908/09) sowie repräsentative Bauten wie das Museum für das Fürstentum Lüneburg (1891) und die Synagoge (1894). Die Zeichen der Zeit, das Hervortreten des Bürgertums als Gestalter von Politik, Wirtschaft und Gesellschaft, treffen in Lüneburg auf eine Traditionslinie, die bis ins Mittelalter zurückreicht und mit dem Schlüsseljahr 1371 ihren Anfang nimmt, wenn auch unter damals ganz anderen Voraussetzungen und Bedingungen.

Eine Reihe von Villen im Stil der Gründerzeit entsteht. Die Unternehmer und Fabrikbesitzer, Hoteliers und Kaufleute lassen repräsentative Gebäude errichten. Unter ihnen sind auch wohlhabende jüdische Bankiers und Kaufleute wie Marcus Heinemann und Arnold Jacobsohn, die zu den Honoratioren der Stadt gehören und als Mäzene für sie wirken.

Neue Infrastruktur – Erfolg und Misserfolg

Schrittweise kommt es zu einer Ausweitung der kommunalen Aufgaben. Mitte des 19. Jhs. liegt die Stadt nicht mehr im Dunkeln und in den Fabriken kann auch nachts gearbeitet werden. Seit 1856 versorgt die Gasanstalt 312 Gaslaternen in der Stadt und die Zeit der »Lichtsteuer« und der städtischen Laternenanzünder ist Geschichte.

Eine Neuerung schafft die Stadt mit der Abwasserentsorgung, die zunächst allerdings von Misserfolg beschieden ist: Das 1892 fertiggestellte unterirdische Abwassersystem führt zur Verschmutzung der Ilmenau und bringt Krankheiten wie Typhus. Die städtischen Gas- und Wasserwerke übernehmen die Versorgung, lassen neue Grundwasserquellen erbohren und 1906 den Wasserturm durch Franz Krüger bauen. Dieser

Fäkalienentsorgung in Lüneburg: Obere Ohlingerstraße/Salzbrückerstraße. Undatiert.

Architekt prägt mit seinen Gebäuden in den Jahren um 1900 das Stadtbild mit den jetzt entstehenden Quartieren.

1897 richtet der Rat eine städtische Abfuhranstalt ein; das »Kübelsystem« wird zunächst zur Wohltat und im Laufe der Jahre zum peinlich-berührenden bis vermaledeiten Symbol von Rückständigkeit schlechthin: Über 4.400 mit einem Schraubdeckel versehene Kübeleimer stehen wöchentlich an den Straßen zur Abholung durch die Pferdefuhrwerke – und das bis weit ins 20. Jh. hinein.

Ein Ziel wird nicht erreicht – Lüneburg wird trotz der Solequellen langfristig nicht zu einem bedeutenden Kurort. Die

1814 eingerichtete »Soolbadeanstalt von anerkannt großem Nutzen«, ein Stallgebäude mit fünf kleinen Holzwannen, wird 1822 durch ein Badehaus ersetzt, das jedoch nur die Lüneburger nutzen. Eigentümerin des Bades ist die Saline, und erst mit dem Salinendirektor Sachse kommt 1897 ein Unternehmer in die Stadt, der den Kurbetrieb mächtig in Schwung bringt. 1907 wird ein Neubau mit Kur- und Badehaus, Gradierwerk, Brunnentrinkhalle und Musikpavillon eingeweiht. Ein guter Schachzug: 1919 kommt die gesamte Kuranlage in städtischen Besitz.

Für die einen eine Schande, für die anderen eine Ehre – Der Verkauf des Ratssilbers

Im Mai 1872 kündigt sich im Lüneburger Rathaus hoher Besuch an. Prinz Albrecht von Preußen besichtigt das Rathaus mitsamt dem berühmten Ratssilberschatz. Im Dezember desselben Jahres ist der Direktor des Berliner Kunstgewerbemuseums zu Gast, lässt sich das Ratssilber zeigen und schlägt es zur Ausleihe für die Weltausstellung in Wien vor. Als im Juni des darauffolgenden Jahres auch der Oberpräsident der Provinz Hannover nach Lüneburg reist, ist das Vorhaben des Magistrats, das Ratssilber zu Geld zu machen, schon weit über die Grenzen der Stadt hinaus bekannt geworden. Der Direktor des Germanischen Nationalmuseums in Nürnberg schreibt einen harschen Brief an den Magistrat: »Wenn von Städten die Rede war, auf die mit Stolz der Blick der Nation gerichtet sein konnte, weil sie die Denkmale der Vorzeit [...] pietätvoll aufbewahrten; wenn von Städten die Rede war, auf die unsere Nation stolz sein kann, weil sie an Kunstschätzen mit manchen gepriesenen Städten des Auslandes wetteifern können, [...] so wurde in erster Linie Lüneburg genannt.«

Im November 1873 wird das Ratssilber an das Kunstgewerbemuseum in Berlin verkauft – für die einen ist das eine Ehre, für die anderen eine Schande. Der Ausbau der städtischen Infrastruktur hat seinen Preis, der Schuldenberg wächst und die Pläne für weitere Maßnahmen zur Stadtentwicklung liegen in der Schublade bereit. Doch woher die Finanzmittel nehmen? Der Blick richtet sich auf die Schätze der Stadt; man bietet das Ratssilber zum Verkauf an. Nicht alle Bürger sind damit einverstanden; sie verfassen eine Resolution gegen den Verkauf. Indes entscheiden der Magistrat unter Oberbürgermeister Fromme und Stadtsyndikus Lauenstein gemeinsam mit dem Bürgervorsteherkollegium den Verkauf für 220.000 Taler nach Berlin. Der Ratsbeschluss von 1476, nach dem das Ratssilber niemals veräußert werden soll, hat in diesem Moment keine Bedeutung mehr. Bis heute zeigt das Kunstgewerbemuseum in Berlin die prächtigen Exponate des Lüneburger Ratssilbers, einschließlich des Bürgereidkristalls von 1443: ein kostbares Reliquiar, auf das die Neubürger damals den Bürgereid ablegen.

Lüneburg auf dem Weg ins 20. Jahrhundert

Das letzte Drittel des 19. Jhs. und die ersten Jahre nach der Jahrhundertwende bringen einen dynamischen Aufschwung. Politische Parteien spielen nun eine Rolle – Sozialdemokraten, Katholiken, Liberale und Konservative. Die allenthalben spürbare Politisierung der Bevölkerung wirkt zunächst in den zahlreichen politischen Vereinen und Verbänden des nationalen und bürgerlich-liberalen Lagers. In Lüneburg bilden sich etliche Kriegervereine, in denen sich das nationalliberale Bürgertum zusammenfindet. Auch eine sozialdemokratische Arbeiterbewegung entwickelt sich in Partei, Gewerkschaften sowie den Konsumvereinen. Der Männergesangverein »Vorwärts«, der Fahrradbund »Solidarität« und die Fußballabteilung der »Lüneburger Sportvereinigung« (LSV) bieten den Arbeitern und Handwerkern ein soziales Umfeld.

Die Kriegsjahre belasten die Stadt, das Wirtschaftsleben liegt brach, die Ernährungslage wird zunehmend kritisch. Im November 1917 gründet sich ein Ortsverein der Deutschen Vaterlandspartei, in der sich rechtsnationale bis gemäßigt konservative Bürger aus den Kreisen von Besitz und Bildung sammeln. Das Kriegsende und der Waffenstillstand im Oktober 1918 werden in der Stadt ohne große Bewegung aufgenommen. Wie in den meisten Städten übernimmt auch hier ein

Arbeiter- und Soldatenrat das Regiment, ohne dass es zu Streiks, Tumulten oder Aufständen kommt.

Die Weimarer Republik bringt eine Zeit des Aufbruchs und der politischen Neuerungen. Erstmals hat die gesamte erwachsene Bevölkerung die Möglichkeit, Einfluss auf die Politik zu nehmen. Die »kleinen Leute«, wie die SPD-Abgeordnete Anna Vogeley, rücken in den Magistrat ein und widmen sich den Problemen, die sie aus eigener Erfahrung kennen: Wohnungsbau, Wohlfahrtspflege, Lebensmittelversorgung, Kriegsrückkehrer.

1919 tritt der nationalliberale Oberbürgermeister Georg König, seit 1901 im Amt, zurück. Die neue Politik ist nicht mehr seine Welt. Auf seine Nachfolge bewerben sich 133 Kandidaten, gewählt wird Dr. Hermann Schmidt – kein Lüneburger, sondern in Stettin als Sohn eines Postdirektors geboren. Er steht der Deutschen Volkspartei (DVP) nahe und wird in der städtischen Oberschicht rasch integriert. Sein Hauptaugenmerk liegt auf der Behebung der Notlagen, in die weite Kreise der Bevölkerung durch die Folgen des Ersten Weltkriegs gekommen sind.

Inflation, Wohnungsnot und Erwerbslosigkeit bedrücken die Menschen in der Stadt ebenso wie den städtischen Haushalt. Ende der 1920er Jahre sitzen im Stadtrat fünf Frauen. SPD und die Bürgerliche Einheitsliste haben jeweils 13 Sitze im

Straßenansicht Glockenstraße mit Eingang zur Volksküche, um 1916. Im Sommer 1916 richtet die Stadt eine Volksküche im Glockenhaus ein, um insbesondere die Familien der Industriearbeiter versorgen zu können.

BIOGRAFIE

ANNA VOGELEY, DIE ERSTE FRAU IM RATHAUS

Anna Vogeley (1884–1958) kommt aus einfachen Verhältnissen und kennt die Not der kleinen Leute. Als Tochter eines Fabrikarbeiters erlebt sie als Kind zunächst den Tod des Vaters und als junge Frau mit nicht einmal 20 Jahren den Tod der Mutter, die an Unterernährung stirbt. Anna kümmert sich um ihre vier Geschwister und heiratet früh, 1904, den Fabrikarbeiter Peter Heinrich Adolf Vogeley. Als dieser gleich zu Beginn des Ersten Weltkriegs eingezogen und schwer verwundet wird, trägt sie die Verantwortung für ihren erwerbsunfähigen Mann und die beiden Kinder allein. In der Überzeugung, dass nur die Politik eine Veränderung der sozialen Lage der Arbeiterfamilien herbeiführen kann, tritt sie 1908 als eine der ersten Frauen in die Lüneburger SPD ein und engagiert sich für die Armenfürsorge. Als 1919 endlich das aktive und passive Wahlrecht auch für die Frauen eingeführt wird, zieht Anna Vogeley in den Stadtrat ein. Zugleich gründet sie mit einigen Gleichgesinnten in Lüneburg den Ortsverein der Arbeiterwohlfahrt. 1933 erhält sie von den Nationalsozialisten aufgrund ihrer Zugehörigkeit zur SPD Hausverbot im Rathaus. Unmittelbar nach dem Zweiten Weltkrieg nimmt sie ihre politische Tätigkeit wieder auf und wirkt bis 1956 im Rat der Stadt als Armenvorsteherin und Sozialausschussvorsitzende. Sie bemüht sich erfolgreich um den Bau eines städtischen Altenheims, das 1960 eröffnet und nach ihr benannt wird. Sie erlebt die Fertigstellung nicht mehr. Anna Vogeley stirbt am 15. Oktober 1958.

Stadtrat, was die politischen Entscheidungsprozesse nicht eben einfach macht. Die seit 1927 mit einer kleinen Ortsgruppe in Lüneburg vertretene NSDAP tritt 1929 nicht an, weil ihr nach eigener Aussage die Mittel für die Wahlwerbung fehlen. Das soll sich bald ändern.

Nationalsozialisten in Lüneburg

Wegbereiter der NSDAP in Lüneburg sind die Wehrverbände, die auch hier Anfang der 1920er Jahre wie Pilze aus dem Boden schießen. Jungdeutscher Orden, Tannenberg-Bund, Verband Hindenburg und Stahlhelm – viele spätere SA- und NSDAP-Mitglieder durchlaufen zuvor eine Karriere in den Männerbünden dieser Wehrverbände. Hier sind Begriffe wie die »deutsche Volksgemeinschaft« und das »Führertum« von Bedeutung, hier will man »deutschblütige Männer«, die »junge Frontgeneration«. Hinzu kommen die äußeren Faktoren: Die Strukturkrise in der Landwirtschaft in den Jahren 1926/27 und die Auswirkungen der Weltwirtschaftskrise 1929 befördern den Aufstieg der NSDAP. Seit 1929 gibt es eine selbstständige Ortsgruppe der SA in Lüneburg. Bei den Reichstagswahlen 1930 kommt die politische Neuorientierung der Stadtgesellschaft dann spürbar zum Tragen. Von 1,2 % der Stimmen im Stadtkreis Lüneburg bei den Wahlen 1928 kommt die Partei nun auf 16 %, im Landkreis sind es bereits 25 % der Stimmen. Bei der letzten freien Wahl vor dem Machtantritt, der Juliwahl 1932, erreicht die NSDAP in Lüneburg fast 40 % und wird stärkste Partei. Kurz zuvor wird Hitler auf dem Vorplatz der MTV-Halle von rund 20.000 Menschen bejubelt.

Innerhalb kurzer Zeit baut die Partei eine straffe Organisation auf und es gelingt ihr, vor allem die bürgerlichen Kreise für sich zu gewinnen und eine eigene Frauengruppe aufzubauen. Die Reichstagswahlen am 5. März 1933 bringen der NSDAP 44,1 % der Stimmen. Hand in Hand geht dieser Prozess mit einem Rechtsruck in der Lokalpresse: Die ehemals rechtsliberalen »Lüneburgischen Anzeigen« bekommen einen neuen Chefredakteur, der ganz auf der Linie der neuen Machthaber ist.

1936 zwingen die Nationalsozialisten den langjährigen Oberbürgermeister Hermann Schmidt zum Rücktritt. Die Agitation gegen Schmidt gipfelt neben vielen weiteren Vorwürfen in den Verlautbarungen, er würde Schuhe im Schuhhaus des Juden Nathan Behr kaufen. Sein Nachfolger wird Wilhelm Wetzel.

Zu diesem Zeitpunkt ist die Lüneburger Stadtgesellschaft schon vom Nationalsozialismus durchdrungen, die Gleichschaltung vollzieht sich früh und rasch in allen Bereichen. Und sie vollzieht sich nahezu geräuschlos und ohne Gegenwehr: Verwaltung, Justiz, Schulen und die Vertretungskörperschaf-

DER »FÜHRERBUNKER«

In einer spektakulären Aktion legen Studierende der Leuphana Universität zum 50. Jahrestag des Kriegsendes in Lüneburg einen zugeschütteten Bunkereingang frei. Es ist der »Führerbunker« des Gauleiters Telschow, der 1944 eingerichtet wurde. Als der Krieg am 18. April 1945 endet, soll kurz vorher noch der Bunker gesprengt werden. Der Architekt, Heinrich Meyer, verhindert dies, indem er den dort gelagerten Sprengstoff heimlich entfernen lässt. Dadurch bleiben die umliegenden Häuser erhalten. Man vermauert den Eingang und der Ort gerät in Vergessenheit – bis 1995. Dann starten Studierende unter der Leitung des Dozenten Hartmut Dähnhardt zusammen mit dem Düsseldorfer Künstler Mischa Kuball das »Bunkerprojekt«, genauer »urban context«. Sie gehen auf Spurensuche, finden die Baupläne und fangen an zu graben. Mit Lichtstreifen auf der Straße zeichnen sie den Bunkerverlauf und den Verbindungsgang zwischen Bunker und Gauleitersitz nach. Das Ziel: »Fragen von heute und morgen mit den Mitteln der zeitgenössischen Kunst im öffentlichen Raum zu reflektieren«.

ten von Handel, Industrie, Handwerk und Arbeitnehmerschaft stehen unter Kontrolle von NS-Funktionären, die, wenn nicht identisch, sich mit den alten Eliten verbinden – mit der Ausnahme, dass nun die jüdischen Honoratioren der Stadt, angesehene Bankiers und Kaufleute, die seit Jahrzehnten zum Wohl der Stadt tätig gewesen sind, stigmatisiert, ausgegrenzt und verfolgt werden. Noch Ende März 1933 erklärt der Vorstand der jüdischen Gemeinde, dass sie sich als »deutsche Juden [...] unlöslich mit Deutschlands Ehre und Wohlergehen verbunden fühlen« – ein verzweifelter Versuch, mit dieser Loyalitätsbekundung das drohende Unheil zu verhindern.

Am 1. April 1937 wird Lüneburg zur Hauptstadt des Gaus Ost-Hannover erklärt; es ist der vorläufige Höhepunkt der Nazifizierung in Lüneburg. Weitere NS-Organisationen ziehen in die Stadt ein mit insgesamt wohl über 400 neuen NS-Funktionären. Und mit der Gauleitung kommen auch die Gauzeitung in die Stadt, der »Niedersachsen-Stürmer«, sowie die Staatspolizei-Leitstelle Lüneburg. Gauleiter wird Otto Telschow, einer jener Männer, deren niedrige Parteimitgliedsnummer auf den frühen Eintritt hinweist. Er tritt schon 1925 der Partei bei und »residiert« in einer Villa an der Schießgrabenstraße.

Gauleiter Telschow will Lüneburg zu einer repräsentativen Gau-Hauptstadt nach nationalsozialistischen Vorstellungen ausbauen: Mit einer gigantischen Großarchitektur soll Lüneburg grundlegend verändert werden. Geplant sind ein Gauforum auf dem Kreideberg auf einer Fläche von 550 mal 600 Metern, Aufmarsch- und Paradeplätze und eine monumentale Anlage für den Sitz des Gauleiters. Zum Glück bleibt es bei den Plänen auf dem Reißbrett. Kriegsbedingt stehen weder Arbeitskräfte noch Baumaterialien zur Verfügung. Und selbst in Berlin ist man irritiert von den großspurigen Plänen des Gauleiters, der in Lüneburg den »kleinen Diktator« spiele. Dies scheint in der Tat so gewesen zu sein – mit furchtbaren Folgen für diejenigen, die nicht zur nationalsozialistischen »Volksgemeinschaft« zählen.

Das Ende der jüdischen Gemeinde

1933 besteht die jüdische Gemeinde in Lüneburg aus 114 Mitgliedern, 1937 sind es nur noch 38. Entrechtung, Boykott und Verfolgung veranlassen manche der Jüngeren zur Emigration, soweit dies möglich ist. Sie fliehen nach Palästina oder in die USA. Der frühere Rechtsanwalt Dr. Ernst Less verlässt am 6. November 1938 als letzter Jude die Stadt in Richtung USA, bevor die Novemberpogrome des Jahres auch Lüneburg erfassen. Die immer kleiner werdende Gemeinde ist wirtschaftlich am Ende und muss mit ansehen, wie die Synagoge abgerissen wird und am Abend und in der Nacht des 9. November jüdische Geschäfte demoliert und geplündert werden. Die politische Verantwortung tragen der Oberbürgermeister Wilhelm Wetzel, der im Wissen über die geplanten Ausschreitungen die Lüneburger Polizei anweist, nicht einzugreifen, und zwei weitere hohe NS-Funktionäre, Kreisleiter Adolf Heincke und der Gauhauptstellenleiter und Chefredakteur des »Niedersachsen Stürmer« Wilhelm Marquardt. Aber auch die Lüneburger Be-

Synagoge der jüdischen Gemeinde zu Lüneburg 1935.

völkerung, die am Morgen das Ausmaß der Zerstörungen sieht, schweigt größtenteils. Und die »Lüneburgischen Anzeigen« kommentieren die Geschehnisse mit falschen Behauptungen und zynischen Worten, nachdem sie in den Tagen davor mit Hetzartikeln die Bevölkerung aufgebracht haben.

Bis 1940 ist beinahe das gesamte Eigentum der Juden in Lüneburg in »arischen Besitz« überführt; die Lüneburger Industrie- und Handelskammer spricht von der »Entjudung des Einzelhandels«. Von den in Lüneburg verbleibenden Juden werden im Juli und Dezember 1941 sieben bzw. 44 deportiert, die meisten von ihnen werden in Auschwitz ermordet. Nur drei Lüneburger Juden überleben den Holocaust, einer von ihnen, Albert Horwitz, stirbt 1965 in Lüneburg.

Kurz nach Ende des Krieges kommen jüdische Displaced Persons aus dem befreiten KZ Bergen-Belsen nach Lüneburg, um hier für wenige Jahre eine kleine jüdische Gemeinde zu halten. Sie errichten einen Gedenkstein auf dem ehemaligen Gelände der Synagoge und richten ein jüdisches Kinderheim ein, um den überlebenden Kindern ein Zuhause zu geben. Im Café Rauno im Stadtzentrum finden sie einen zentralen Treffpunkt und versuchen, eine jüdische Kultur wiederaufleben zu lassen.

Die ehemaligen jüdischen Bürger in Lüneburg und ihr Schicksal stehen hier beispielhaft für die Opfer des NS-Regimes. Zu ihnen gehören auch die politisch Verfolgten, die Sinti und Roma und die Opfer der Euthanasie, die auf furchtbare Weise in der Heil- und Pflegeanstalt umgekommen sind, sowie die vielen Zwangsarbeiter und Zwangsarbeiterinnen.

Kriegsende und Verantwortung

Am 4. Mai 1945 um 18.20 Uhr unterzeichnen Generalfeldmarschall von Friedeburg und Feldmarschall Montgomery auf dem Timeloberg bei Wendisch-Evern nahe Lüneburg die bedingungslose Kapitulation der Wehrmacht in Norddeutschland. Vier Tage später verkündet Oberst Stansfeld, der britische Militärbefehlshaber, vom Balkon des Lüneburger Rathauses das Ende des Krieges. Damals wird den meisten Menschen noch nicht bewusst gewesen sein, dass man Jahrzehnte später von der Niederlage, vor allem aber von der Befreiung vom Nationalsozialismus sprechen wird. Im Hinterhof der Tischlerei Burmester verbrennt Tochter Anni die Hitlerbücher im Leimofen. Kinder stehen am Straßenrand und staunen über Bonbons und Kaugummis, die ihnen die in den Panzern vorbeirollenden britischen Soldaten zuwerfen.

Von der »Stunde Null« berichten sehr viel später die Zeitzeugen. Doch in Wirklichkeit gibt es sie nicht. Der damit implizierte radikale und vollständige Umbruch findet hier wie

»Live from Lüneburg – VE-Day Broadcast from Germany«. US-Reporter Bill Downs berichtet auf dem Lüneburger Marktplatz vom Kriegsende im Mai 1945.

andernorts nicht statt. Der NS-Oberbürgermeister Wilhelm Wetzel kommt im Entnazifizierungsverfahren glimpflich davon, lässt sich als Rechtsanwalt nieder und wird 1956 Ratsherr für die FDP. Die große Mehrheit der NS-Funktionäre, die nach dem Krieg in den Spruchkammerverfahren vernommen werden, stellt sich als unwissend dar und behauptet, von der Judenvernichtung »nie etwas gehört« zu haben. Nur wenige sagen die Wahrheit wie der Lüneburger Tapeziermeister Adolf Schlachta, Gegner der NSDAP, Mitglied der Entnazifizierungskammer und ab 1949 stellvertretender Bürgermeister für die CDU. Kreisleiter Heincke taucht als Landarbeiter unter, stellt sich 1948 den britischen Behörden, wird zu einer Haftstrafe von vier Jahren verurteilt, kehrt jedoch schon nach einem Jahr aus dem Straflager Esterwegen zurück, übernimmt das väterliche Geschäft in Verden und stirbt 1986 – nach eigener Aussage immer noch »hundertprozentiger« Nationalsozialist.

Geschichtskultur: *Vom Umgang mit Denkmälern und Erinnerungsorten*

Es gibt Ereignisse in der Geschichte, für die eine Erinnerung geschaffen wird. Denkmäler, Gedenktage, Feste, Rituale, Gebäude oder Straßenbenennungen sind Elemente der Erinnerungskultur, ihre Medien können aber auch Münzen, Briefmarken, Orden und Gedenkpreise sein. In der Form, wie Menschen mit ihrer Geschichte umgehen, was sie für erinnerungswürdig halten und was nicht, kommt die Geschichtskultur einer jeweiligen Epoche zum Ausdruck.

Im 19. Jh. sind es die Nationaldenkmäler, die im Zuge der Nationalstaatsbildung allenthalben errichtet werden. Nach dem Deutsch-Französischen Krieg und der Reichsgründung 1871 feiert sich die Nation mit patriotischen Siegerdenkmälern, mit dem Tod des Reichskanzlers Otto von Bismarck erreicht der Kult um ihn einen Höhepunkt. Keinem Politiker sind mehr Denkmäler gewidmet worden als dem »Eisernen Kanzler« – und kaum ein Politiker ist so umstritten. In Lüneburg sucht man vergeblich nach einem Bismarck-Denkmal. Weder Kaiser Wilhelm I. noch sein Kanzler werden jemals nach Lüneburg eingeladen – fühlt man sich noch zu sehr den Welfen verbunden und hat die Annexion Hannovers durch Preußen noch zu gut in Erinnerung, um eine Einladung auszusprechen? Der Lüneburger »Oberlehrer« Meyer erinnert sich an einen Ausflug mit Schülern des Johanneums in das benachbarte Herzogtum Lauenburg im Jahr 1888 und hält die persönliche Begegnung mit Bismarck fest. Die Aussicht, den im Gutshaus Friedrichsruh im Sachsenwald lebenden Reichskanzler vielleicht beim Morgenspaziergang zu treffen, hatte bei einigen Schülern – »stark welfisch Gesinnte« – wohl den Plan aufkommen lassen, den »von den hannoverschen Partikularisten arg gehassten Kanzler« nicht zu grüßen. Doch dieses Vorhaben ist schnell vergessen, als sie dem im Nachhinein als »größten Manne des Jahrhunderts« bezeichneten Politiker begegnen und er das

Wort an sie richtet. Häufig zieht es die Schulen und die Seminaristen des Lehrerseminars aus Lüneburg zu Ausflügen in das nur gut 40 Kilometer entfernte Friedrichsruh.

Steine des Anstoßes im 20. Jahrhundert

Das 20. Jh. beginnt mit den Denkmälern einer kriegsbegeisterten Nation: Sie erinnern an »große Zeiten«, vor allem aber an große Verluste und, wie es oftmals heißt, heldenhaft gefallene Soldaten. Nach dem Ende des Zweiten Weltkrieges mit seinen verheerenden Geschehnissen, an denen keine Stadt, kein Ort und kaum ein Mensch unbeteiligt bleiben, scheint die Zeit der Heldenverehrung vorbei. Heute sind Denkmäler, die Ereignisse oder handelnde Personen oder Gruppen in Kriegszeiten hervorheben, nicht mehr opportun.

Stattdessen sind es Mahnmale, die gegen Krieg, Vertreibung und Völkermord errichtet und zu warnenden Lernorten der Geschichte werden. Mit der Aufarbeitung der NS-Vergangenheit seit den 1970er Jahren entstehen Gedenkstätten, werden Stolpersteine verlegt und die lokalen Archive durchforstet, um Erkenntnisse über die Geschehnisse vor Ort zu gewinnen – so auch in Lüneburg. In jüngster Zeit wird versucht, die in der Stadt vorhandenen Denkmäler zu Lernorten und Orten der Identitätsstiftung zu entwickeln.

Die ersten Kriegerdenkmäler und die Dragoner

Am Beispiel der Denkmäler in Lüneburg lässt sich zeigen, wie sich die »große Geschichte« im Kleinen widerspiegelt, welche Interpretationen im Laufe der Zeit in Denkmäler fließen und ihre Bedeutung und Deutung verändern. Eines der ersten Kriegerdenkmäler aus der Gründerzeit ist das Denkmal für die im Deutsch-Französischen Krieg gefallenen Lüneburger Soldaten im Clamart-Park. Der Hamburger Bildhauer Engelbert Pfeiffer schafft hier 1875 ein Denkmal aus Sandstein, das eine Mutter zeigt, die ihren toten Sohn betrauert. Das christliche Motiv der

Beweinung des gekreuzigten Christus durch Maria, das als Pietà oder Marienklage vielfach in der christlichen Kunst verbreitet ist, wird hier verwendet, um den Tod des Soldaten gleichzusetzen mit dem Opfer Christi, die Dornenkrone wird zum Siegerkranz mit Eichenblättern. Das Denkmal muss 1939 einem anderen Platz machen, dem sog. Dragoner-Denkmal.

Das 1866 gebildete 2. Hannoversche Dragoner-Regiment, die Kavallerie-Einheit, ist seit 1871 in Lüneburg stationiert. Mit ihren blauen Uniformen mit gelben Kragen, Schulterklappen und Manschetten und den Pickelhauben sind die Dragoner im Stadtbild sehr präsent. Ihre Aufmärsche zu den jährlichen Reichsgründungs-Feiern, den Mars-La-Tour-Festen und die Parademärsche am Geburtstag des Kaisers verschaffen ihnen große Aufmerksamkeit in der Öffentlichkeit.

Schon einen Tag nach dem Beginn des Ersten Weltkrieges am 1. August 1914 verabschiedet man die Lüneburger Dragoner mit einem von Kriegsbegeisterung und patriotischem Jubel getragenen Pathos in den Krieg. Von »tannenschlanken jungen Reiterfiguren«, »kraftvollen Germanengestalten«, »kampfesfreudigen jungen Offizieren« ist die Rede, die »für König und Vaterland« zu sterben bereit sind. Am 15. Dezember 1918 reiten die Dragoner in voller Montur und mit Kriegsauszeichnungen versehen unter Glockengeläut wieder in die festlich für ihren Empfang geschmückte Stadt ein. 1920 gründet sich der »Bund zur Pflege der Kameradschaft unter den ehemaligen Angehörigen des 2. Hannoverschen Dragonerreg. Nr. 16«. Hier finden sich die ehemaligen Dragoner-Soldaten, die nach dem Ende des Ersten Weltkriegs in ihre Heimatorte zurückkehren, zusammen. Aus diesem Kreis kommt die Initiative für das erste Dragoner-Denkmal. Am 17. September 1922 weiht die Stadt das Denkmal für die Dragoner-Soldaten ein: Ein Dragoner neben seinem Pferd; beide haben die Köpfe gesenkt und wirken trauernd und resigniert. Dieses Denkmal hat nicht lange Bestand. Schon in den 1930er Jahren passt das Bild des trauernden Soldaten nicht mehr zum Selbst- und Geschichtsverständnis der Nationalsozialisten.

So wird ein neues »Dragoner-Ehrenmal« geschaffen, das am 28. Mai 1939 unter militärischen Klängen und »Großem Zapfenstreich« im Clamart-Park eingeweiht wird. Es zeigt einen

DAS DENKMAL FÜR JOHANNA STEGEN – DAS »HELDENMÄDCHEN« VON LÜNEBURG

In Berlin, wo Johanna Stegen ihre letzten Lebensjahre verbringt, wird ihr von »patriotisch gesinnten Männern und Frauen« 1908 ein Grabdenkmal gewidmet. In Lüneburg errichtet man am 2. April 1913 ein Denkmal zu ihren Ehren. Im Museum wird eine rötliche Haarlocke aufbewahrt, die von dem »Heldenmädchen von Lüneburg« stammen soll. Die Tochter des Salinenarbeiters Peter Daniel Stegen geht durch ihre Tat in den sog. Befreiungskriegen gegen Napoleon in die Geschichte ein. Während der Besetzung der Stadt durch französische Truppen am 2. April 1813 versorgt das Dienstmädchen Johanna Stegen die preußischen Truppen, die zur Verteidigung der Stadt anrücken, mit Munition. Ihre Tat passt zur preußischen Kriegspropaganda der Zeit: Nur wenige Tage vor den Geschehnissen in Lüneburg, am 23. März 1813, erscheint ein »Aufruf an die Frauen im preußischen Staate«. Überall sollten »Frauen-Vereine zum Wohle des Vaterlandes« gegründet werden, denn: »Das Vaterland ist in Gefahr! [...] Aber auch wir Frauen müssen mitwirken, die Siege befördern helfen [...].« In dieses Bild passt die Tat Johanna Stegens nur zu gut.

Die Geschichtsschreibung geht ambivalent mit Johanna Stegen um: In der älteren Historiografie wird sie als »Heldenmädchen« verehrt und zum Symbol für die Befreiung der Stadt von der »Fremdherrschaft« schlechthin stilisiert. Die Kriegsunterstützung von Frauen und Mädchen in den antinapoleonischen Kriegen findet Eingang in Erinnerungsmedien; Dichter und Maler greifen das Bild auf.

In jüngeren Beurteilungen kommt man eher zu dem Schluss, dass die Quellenlage recht vage ist und die Motive der jungen Lüneburgerin und ihre Tat kaum zu rekonstruieren sind. Wahr ist jedoch, dass man ihre Geschichte über mehr als zwei Jahrhunderte immer wieder und mit unterschiedlichen Deutungen instrumentalisiert und zu Propagandazwecken nutzt. Nicht von ungefähr wird das Denkmal im Jahr vor dem Ausbruch des Ersten Weltkrieges aufgestellt – 100 Jahre nach dem Sieg über Napoleon, zum 25-jährigen Thronjubiläum des Kaisers und anlässlich des Besuchs des belgischen Königs Albert bei seinem Ehren-Regiment, den »Heide-Dragonern«.

Eine große Menschenmenge bei der Enthüllung des Johanna-Stegen-Denkmals am 2. April 1913 in der Grünanlage Liebesgrund.

aufrecht auf dem Pferd sitzenden Reiter mit erhobener Lanze, auf dem hohen Granitsockel stehen die Namen der Soldaten, die im Deutsch-Französischen Krieg 1870/71, bei der Niederschlagung des Herero-Aufstandes in der Kolonie Deutsch-Südwestafrika 1904–1906, an der auch Lüneburger Dragoner beteiligt sind, und im Ersten Weltkrieg sterben. Auf der Rückseite werden nach dem Ende des Zweiten Weltkrieges die Namen der toten und vermissten Soldaten des Dragonerregiments und der Reserve-Kavallerie-Abteilung zum ehrenden Gedenken angebracht.

Das Dragoner-Ehrenmal symbolisiert wie kaum ein anderes Denkmal die verschiedenen Deutungsebenen und ihren Wandel im Laufe der Zeit. Als es 2012 für Restaurierungsarbeiten vom Sockel gehoben wird, setzt erneut eine Diskussion ein um seine Legitimität als Denkmal im Zusammenhang mit Krieg, Militarismus und Tod. Gleichzeitig gründet sich der private »Verein der Freunde und Förderer des Dragoner-Denkmals e.V.«, um mit privaten Spenden das Standbild zu restaurieren. Es wird restauriert, an seinem ursprünglichen Platz wieder aufgestellt und die Debatte setzt sich fort. Den einen geht es um die kritisch-reflektierte Interpretation des Denkmals, den anderen um den Erhalt und das präsente Ehrengedenken im öffentlichen Raum. Mehrfach wird das Denkmal verhüllt – mit Bannern, auf denen Picassos Gemälde »Guernica« zu sehen ist –, denn Lüneburger Einheiten waren auch beteiligt an der Zerstörung der baskischen Stadt Guernika am 26. April 1937 durch Kampfflugzeuge der deutschen Fliegerabteilung Legion Condor.

Bergen-Belsen-Prozess – KZ-Ehrenfriedhof – Eisenbahnwaggon

Der Nationalsozialismus hinterlässt in Lüneburg tiefe Spuren. Nicht nur die Ereignisse und handelnden Personen, sondern auch der Umgang mit ihnen in der Nachkriegszeit bilden die Eckpfeiler einer Abfolge von Verbrechen, Verdrängung, Verarbeitung, Bewältigung und Erinnerung.

Am 17. September 1945 beginnt in der MTV-Turnhalle in Lüneburg der Bergen-Belsen-Prozess, der erste Kriegsverbrecher-Prozess nach dem Ende des Zweiten Weltkrieges auf deutschem Boden. Das Interesse der nationalen und internationalen Presse ist enorm, kein Gerichtssaal in Lüneburg ist groß genug, um die Beteiligten und die rund 200 Journalisten und Prozessbeobachter aufzunehmen, deshalb muss die größte Turnhalle der Stadt für den Prozess gegen 45 Mitglieder der Lagerverwaltung – SS-Angehörige, darunter elf Frauen, und einige Kapos – des KZ Bergen-Belsen herhalten. Als Beweismittel dienen im Prozess vor allem Zeugenaussagen und das Foto- und Filmmaterial der britischen Soldaten, die am 15. April 1945 das KZ befreien. Unfassbar grausame Bilder und Schicksale offenbaren sich ihnen. Ein Eisenbahnwaggon im Wandrahmpark und die KZ-Gedenkstätte im Tiergarten erinnern heute als Gedenkorte an eines der schlimmsten Verbrechen, das in diesen letzten Kriegswochen vor der Befreiung in Lüneburg geschieht.

Kurz vor Kriegsende räumt die SS die Konzentrationslager vor den näher rückenden alliierten Truppen. Ein Transport mit KZ-Häftlingen setzt sich von Wilhelmshaven in Richtung Neuengamme bei Hamburg in Bewegung. Am 7. April wird der Zug auf dem Güterbahnhof in Lüneburg von amerikanischen

Prozess gegen die Wachmannschaft des Konzentrationslagers Bergen-Belsen vor einem britischen Militärgericht in Lüneburg, 16.9.1945 bis zur Urteilsverkündung am 20.11.1945.

Bombern getroffen. Fast 100 Häftlinge werden durch den Angriff oder bei der Flucht getötet. Wachen treiben die Überlebenden auf ein Feld neben den Gleisen. Dort sind sie unter freiem Himmel der Kälte und den Drangsalierungen der Wachmannschaften ausgesetzt. Ein Teil der Häftlinge wird nach Tagen in das KZ Bergen-Belsen gebracht, die übrigen werden erschossen. Insgesamt 256 Todesopfer werden am 11. und 12. April 1945 in einem Massengrab im nahegelegenen Tiergarten verscharrt. Am 25. September lassen die Briten das Massengrab öffnen und ziehen dafür vor allem Lüneburger, die NSDAP-Mitglieder waren, heran. Die Leichen werden geborgen, mehrere Forensiker untersuchen und identifizieren sie, anschließend bestattet man sie in Reiheneinzelgräbern. Von diesen Geschehnissen liegt Fotomaterial vor, das in bedrückender Intensität die Grausamkeit menschlichen Handelns, aber auch die Erstarrung angesichts der zutage tretenden Schuld zum Ausdruck bringt.

Vom »KZ-Ehrenfriedhof« zum Gedenk- und Lernort ist es ein langer Weg. Erst in den 1970er Jahren setzt ein Umdenken ein. Gemeinsam mit Opferverbänden, Geschichtswerkstätten und politischen Verantwortlichen der Nachkriegsgeneration

Seit 1950 erinnert ein Gedenkstein an die ehemalige Synagoge. Im Jahr 2012 beschließt der Stadtrat, diesen Erinnerungsort sichtbarer und würdiger zu gestalten. Die Stele der ehemaligen Synagoge befindet sich nun in der Mitte der Gedenkstätte.

wird die Bedeutung von Erinnerungsorten zur Mahnung und zum Gedenken zu einem öffentlichen Anliegen. Die Kritik an der Anonymität des KZ-Friedhofs führt schließlich dazu, dass es 2020/21 zur würdigen Neugestaltung dieses Lüneburger Gedenkortes, der auch ein Lernort sein soll, kommt.

Ein Denkmal gerät in den Fokus

Am 21. April 2015 findet vor dem Landgericht Lüneburg der Prozess gegen Oskar Gröning statt. Der ehemalige SS-Mann wird schuldig gesprochen, für mehr als 300.000 Morde mitverantwortlich zu sein. Gröning stirbt im März 2018, ohne die Strafe angetreten zu haben. Der Prozess findet wegen des großen öffentlichen Interesses nicht im Landgericht, sondern in der sog. Ritterakademie statt. In dessen unmittelbarer Nähe befindet sich ein Denkmal für die Mitglieder der 110. Infanterie-Division, die

1944 im Vernichtungskrieg gegen die Sowjetunion an einem der größten Verbrechen der Wehrmacht beteiligt ist. Das Denkmal wird 1960 von einem Veteranenverband der ehemaligen 110. Infanterie-Division aufgestellt und von der Stadt in Obhut genommen. Auf dem Denkmal befindet sich die Inschrift: »Es sage niemand, dass unsere Gefallenen tot sind.« Eine Infotafel thematisiert die Soldaten als Opfer, ohne die tatsächlichen Opfer angemessen zu berücksichtigen. Denkmal und Infotafel bilden den Stein des Anstoßes. Vor, während und nach dem Prozess in der Ritterakademie gibt es massive Einwände von Institutionen und Opferverbänden gegen das Denkmal. Ihre Kritik: Der Gedenkstein ehrt die Gefallenen, die Informationstafel nennt nicht deutlich die Mitverantwortung der 110. Infanterie-Division für die Verbrechen im Vernichtungskrieg der Wehrmacht 1944 in Weißrussland und insbesondere für das Massaker von Ozarichi.

Die Synagoge – Aus dem Stadtbild getilgt und als Gedenkstätte neu gedacht

Am 23. Oktober 1938 nimmt die kleine jüdische Gemeinde in Lüneburg Abschied von ihrer Synagoge. Es ist ein prächtiges Gebäude aus rotem Backstein, das an exponierter Stelle am Eingang der Stadt erst 1894 gebaut worden ist. Bei der Einweihung sichert Oberbürgermeister Keferstein der Gemeinde zu, dass die Stadt »dieses Gotteshaus in Obhut nehmen und bewahren« werde. Gut 40 Jahre später steht die Gemeinde vor dem finanziellen Ruin. Sie kann die Synagoge nicht mehr unterhalten. Zu einem Spottpreis wird das Grundstück an die Industrie- und Handelskammer verkauft. Kurz darauf beginnt die Baufirma Tolzien mit dem Abriss des bestens erhaltenen Gebäudes. Die Kosten muss die jüdische Gemeinde tragen, das Material geht in den Besitz der Baufirma.

Nach dem Abbruch liegen noch jahrelang Trümmer auf dem Grundstück, denn die IHK nutzt das Gelände nicht und überlässt es der Stadt. Diese baut dort einen Kinderspielplatz, und die Lokalzeitung schreibt: »Früher Freitempel für jüdische Ausbeuter, heute Tummel- und Sonnenplatz für frohe, gesunde

Kinder! Wo könnte sich der große Wandel in deutschen Landen eindrucksvoller zeigen als hier?«

Nach dem Krieg errichten jüdische Displaced Persons einen Gedenkstein an diesem Platz. In den 2000er Jahren kommen Pläne auf, die Gedenkstätte neu zu gestalten Es dauert fast 20 Jahre. Am 9. November 2018 wird unter großer Anteilnahme der Bevölkerung eine neue Gedenkstätte eingeweiht. Rund 30 Nachfahren der Lüneburger Juden kommen zur Einweihung, es ist ein berührender Moment. Der Lüneburger Architekt Carl-Peter von Mansberg hat das Gebäude aus grauem Beton in Anlehnung an den alten Grundriss der Synagoge entworfen. Die Gedenktafeln an den Innenwänden erinnern an die Lüneburger Opfer des Holocaust, ein durchbrochenes Muster aus Eisenstäben zwischen den Betonwänden symbolisiert das Ausmaß der Zerstörung durch die Nationalsozialisten.

Und die Aufarbeitung der Geschichte geht weiter: Man findet Steine, Schutt vom Abbruch der Synagoge und sucht nach den Hölzern aus der Inneneinrichtung, die nach Auskunft eines Nachfahren der Baufirma in den Bau verschiedener Lüneburger Häuser eingeflossen sein sollen.

Die »Euthanasie«-Gedenkstätte Lüneburg

Lüneburgs NS-Vergangenheit bedarf noch weiterer Aufarbeitung, historischer Forschung und solcher Gedenkstättenarbeit, wie sie seit 2004 auch auf dem Gelände der Psychiatrischen Klinik Lüneburg vorbildhaft stattfindet. In der ehemaligen Heil- und Pflegeanstalt werden zwischen 1941 und dem Ende des Krieges 300 bis 350 Kinder aus ganz Norddeutschland im Rahmen der sog. Euthanasie getötet, ein unfassbares Verbrechen. Der Umgang mit geistig und körperlich kranken Menschen während des Zweiten Weltkrieges gehört zu den traurigen Kapiteln in der Geschichte der 1901 gegründeten Pflegeanstalt. Nach dem »Gesetz zur Verhütung erbkranken Nachwuchses« werden schon in den 1930er Jahren unzählige Betroffene zwangssterilisiert. Im Rahmen der »Aktion T4« transportiert man 1941 in Niedersachsen über 2.000 Patienten zu einer Tötungsanstalt, etwa 500

DIE »UNFÄHIGKEIT ZU TRAUERN«

Der Zeitraum vom Frühjahr bis Herbst 1945 zeichnet sich wie kaum ein anderer Zeitraum in der Geschichte der Stadt durch eine Verdichtung von Ereignissen und Begegnungen aus, die unterschiedlicher nicht sein können. Gleichzeitig geschehen Dinge, die nicht zueinander zu passen scheinen. Während auf der einen Seite Täter verurteilt werden, übernehmen auf der anderen Seite politisch Verantwortliche aus der NS-Zeit nahtlos wieder Ämter in Politik, Wirtschaft und Gesellschaft. Während auf der einen Seite Fassungslosigkeit und Erstarren herrschen angesichts der zutage tretenden Verbrechen, trauern Familien und hinterbliebene »Kameraden« um die gefallenen Väter, Söhne, Soldaten und wünschen sich einen Gedenkort bzw. fordern Erinnerung ein. Es ist die von dem Psychoanalytiker-Ehepaar Alexander und Margret Mitscherlich schon 1967 auf den Punkt gebrachte »Unfähigkeit zu trauern«, die die Verdrängungs- und Verleugnungsstrategien der ehemaligen Hitler-Anhänger gegenüber den Verbrechen der Nationalsozialisten und ihre eigene Verstrickung in die Geschehnisse in den Nachkriegsjahrzehnten erklärt. Am 3. Juni 2018 findet Bundespräsident Steinmeier in seiner Rede zur Einweihung des Denkmals für die im Nationalsozialismus verfolgten Homosexuellen deutliche Worte: »Es war ein langer Weg. Der Mantel des Schweigens lag jahrzehntelang über den Abendbrottischen und erstickte jede notwendige Diskussion. Und ja: Irgendwann kam die Erinnerung dann doch nach Deutschland. Aber sie kam langsam. Sie kam etappenweise. Sie kam verspätet, für viele viel zu spät. Heute ist die aufrichtige Erinnerung ein Eckstein unserer Identität.«

stammen direkt aus der Anstalt Lüneburg oder sind aus anderen Einrichtungen zu Tarnungszwecken vorübergehend dort untergebracht. Die Forschungen zu den Opfern der Psychiatrie sind ein zentrales Anliegen der »Euthanasie«-Gedenkstätte Lüneburg. Zahlreiche Familien der Opfer werden ausfindig gemacht. Mit ihrer Hilfe und auf der Grundlage der überlieferten Patientenakten – soweit vorhanden – wird den Kindern und Erwachsenen, die während der NS-Zeit unschuldig getötet werden, ein Gesicht und ein würdiger Gedenkort gegeben.

Spannungsfelder – Lüneburg und die äußeren Mächte

Es sind unruhige Zeiten, die seit dem ausgehenden 12., dem beginnenden 13. Jh. über die Stadt Lüneburg hereinbrechen, als es darum geht, die nach und nach erworbenen Privilegien und städtischen Freiheiten zu verteidigen und aufrechtzuerhalten. Über Jahrhunderte hinweg sehen sich Bürgermeister und Rat im fortwährenden Konflikt mit mächtigen Akteuren, mit Kaiser und Papst, vor allem aber mit dem welfischen Fürstenhaus, zeitweilig im Bunde mit der Hanse, die Autonomie der Stadt jenseits landesherrlicher Einflussnahme zu behaupten.

Bis zum späten 12. Jh. wird die Region vom Handelsort Bardowick beherrscht. Als Bardowick jedoch dem welfischen Herzog Heinrich dem Löwen die Gefolgschaft versagt, schlägt die Stunde Lüneburgs, nachdem Heinrich Bardowick belagert und 1189 weitgehend zerstört. Dass Lüneburg nunmehr zur mächtigsten Stadt zwischen Aller und Elbe aufsteigt, verdankt es der dynamisch wachsenden Saline im Zusammenklang mit dem zielbewussten Wirken Heinrich des Löwen, dessen Stadtrechtsurkunde zwar nicht überliefert ist, sich aber aus der Bestätigung durch seinen Enkel Otto dem Kind vom 28. April 1247 erschließen lässt. Damit gibt Herzog Otto das Kind »den borgern der stadt Luneborg […] frieheit, rechtigkeit und privilegia«.

Städtisches Streben nach unbeschränkter Freiheit

Nach 1247 ist das Lüneburger Bürgertum dermaßen erstarkt, dass es sich in seinem unbändigen Streben nach Unabhängigkeit völlig des Salinenwesens bemächtigt. Mit der nunmehr voranschreitenden Herausbildung eines festgeschlossenen Patriziats wird der in diesem exklusiven Kreis angehäufte Reich-

Kaiser Friedrich II. belehnt auf dem Hoftag zu Mainz 1235 Otto das Kind mit dem Herzogtum Braunschweig-Lüneburg. Buchillumination von Hans Bornemann in der Lüneburger Sachsenspiegelhandschrift von 1442–1448.

tum zu einem wirksamen Mittel eingesetzt, um sich von allen Beschränkungen seiner Freiheit buchstäblich freizukaufen.

Die Stadt nimmt damit einen weitgefassten Autonomiestatus im Fürstentum Lüneburg ein, und es wird nicht übertrieben sein, darin Merkmale einer Stadtrepublik zu erkennen. Die Stadt sichert ihren Wirtschaftsraum durch Stützpunkte an allen wichtigen Handelsstraßen, und vollends unterstreicht sie ihre Autonomie durch eine aktive und eigenmächtige Außenpolitik. So schließt sie Verträge mit verschiedenen auswärtigen Mächten, mit Mecklenburg etwa oder Lauenburg, mit Hamburg 1239 oder Lübeck 1295.

Diese aus städtischer Sicht erfolgreiche Entwicklung ist auch der Duldung der Billunger und »älteren« welfischen Herzöge zu verdanken, jedenfalls ziehen diese den Eigenmächtigkeiten der Lüneburger keine eng bemessenen Grenzen.

Bedrohte Freiheiten

Dies ändert sich grundlegend, als nach dem Tod Herzog Wilhelms von Braunschweig-Lüneburg ein Erbfolgekrieg zwischen Welfen und Askaniern ausbricht. Gegen den Willen des Kaisers bestimmt Herzog Wilhelm anstelle der Herzöge von Sachsen-Wittenberg seinen erbberechtigen Verwandten Magnus Torquato zum Nachfolger. Das bleibt nicht ohne Folgen: Der Kaiser verhängt die Reichsacht über Wilhelm, der kurz darauf verstirbt. Indessen besetzt Magnus im Sommer 1370 alle Tore und Türme auf den Mauern der Stadt und droht, die »Lüneburger ewiglich zu verderben«, sollten sie ihm den Gehorsam verweigern. Damit erzwingt er den Verzicht auf alle verbrieften Privilegien wie auch die Huldigung durch die Bürger der Stadt.

Doch Bürgermeister und Ratsleute bleiben nicht untätig. Sie holen Auskünfte bei weltlichen und geistlichen Gelehrten und Juristen ein. Verbindungen zu Sachsen-Wittenberg werden aufgenommen, und die Lüneburger Gesandtschaft findet sich am 6. Januar 1371 vergewissert, dass die Herzöge Albrecht und Wenzel sämtliche Freiheiten und Privilegien der Stadt aufrechterhalten würden. Damit fällt die Entscheidung für eine gewaltsame Lösung des Konfliktes mit Herzog Magnus, stimmen doch die Sachsen-Wittenberger der Zerstörung der Burg zu, die inzwischen zu einer hoch aufgerüsteten Zwingburg durch Magnus ausgebaut worden ist. Und die Lüneburger? Sie haben mit Wenzel und Albrecht, den Askaniern, Verbündete gegen Herzog Magnus gefunden.

Die Dramaturgie des Jahres 1371 und der Preis der Freiheit

Am 1. Februar 1371 schickt der Rat der Stadt Lüneburg einen reitenden Boten nach Celle in die herzogliche Residenz – im Gepäck einen Fehdebrief, den er Herzog Magnus übergibt. Damit kündigt die Stadt ihm den Gehorsam auf, und noch am selben Abend finden sich zahlreich bewaffnete Bürger vor dem Burgtor ein. Beherzt begehren sie Einlass, erschlagen den Wächter und bringen im Handstreich die Burg in ihre Gewalt.

Die Herzöge Albrecht und Wenzel ziehen bereits tags darauf in Lüneburg ein und empfangen die Huldigung der Stadt. Während Herzog Albrecht seinen Wohnsitz in Lüneburg nimmt, Hannover seinen Herrschaftsanspruch ebenfalls anerkennt, trifft Magnus im Bunde mit der Stadt Braunschweig Vorbereitungen, Lüneburg zu bezwingen und zu unterwerfen. Seine Truppen dringen im März 1371 in den Raum Lüneburg vor, setzen Bardowick in Brand – mit drohendem Blick gen Lüneburg. Inzwischen geht Albrecht Bündnisse mit benachbarten Fürstentümern gegen Herzog Magnus ein, so mit Brandenburg, Magdeburg und Sachsen-Lauenburg. Magnus lässt sich angesichts dieser Kulisse auf einen Waffenstillstand ein, der bis zum 11. November dauern sollte. Mitte Oktober greift erneut der Kaiser in den sich bedrohlich zuspitzenden Konflikt ein, lässt über Magnus und seine Anhänger den Reichsbann in allen Kirchen, Rathäusern, Gerichtssälen, auch auf öffentlichen Plätzen verkünden – ohne jedoch entsprechende Taten folgen zu lassen.

Magnus zeigt sich davon unbeeindruckt, lässt eine bewaffnete Reiterschar in der St. Ursula-Nacht (21. Oktober) auf Lüneburg vorrücken, die die Stadtmauer überwindet. Obwohl die sächsischen Herzöge abwesend sind, ist die städtische Bürgerwehr in der Lage, den Angriff nach blutigen Straßenkämpfen abzuwehren und die Kapitulation der Magnusschen Streitmacht zu erzwingen: »Bürgerstolz bricht Fürstenwillkür« – so heißt es denn auch 625 Jahre später in der Inschrift vor dem Heiligengeiststift, dem Schauplatz der Kapitulation.

Nachdem die Askanier auf die Herrschaft verzichten, fällt das Fürstentum Lüneburg 1388 den Söhnen des Magnus – Bernd und Hinrik – zu. Sie garantieren den Städten im Lande die bestehenden Privilegien. Rat und Bürgerschaft der Hansestadt – Lüneburg ist wenige Jahre zuvor, 1381, der Hanse beigetreten – können sich der Huldigung nunmehr nicht wieder entziehen.

Doch die streitbaren welfischen Herzogsbrüder leiden in Folge des Erbfolgekrieges an Geldmangel, und der Rat der Stadt nutzt deren prekäre Lage aus, erkauft gleichsam einen allgemeinen Landfrieden, der in einem umfänglichen Vertrag, der »Sate«, von 1392 seinen Niederschlag findet. Jetzt begibt sich die Landesherrschaft in eine weitgehende Abhängigkeit von den Landständen, vor allem aber von der Hansestadt Lüneburg. So reiht sich Lüneburg ein in jene Gruppe von Städten, die nicht nur Staaten im, sondern »Staaten neben dem Staat« bilden. Dies spricht nicht allein daraus, dass die Hansestadt zwischen 1388 und 1520 selbstbewusst keinem seiner Fürsten huldigt, sondern hauptsächlich daraus, dass die Stadt mehr oder weniger sämtliche Hoheitsrechte an sich zieht.

Rat und Hanse gegen Prälaten, Papst und Kaiser

Um die Mitte des 15. Jhs. brechen heftige Auseinandersetzungen zwischen dem patrizischen Rat und den Prälaten, den geistlichen Institutionen, die Berechtigungen an der Saline haben, aus. Es geht um Geld: Der Rat verlangt von den Prälaturen eine höhere Beteiligung an der Abtragung von Schulden, die noch aus dem Erbfolgekrieg herrühren. Die meisten Geistlichen verweigern sich der Forderung, wenden sich an die Kurie in Rom. Der Papst droht dem Rat mit kirchlichen Strafmaßnahmen, die Prälaten sprechen von einem beispiellosen »Kirchenraub«, worauf der päpstliche Kirchenbann über den Rat ausgesprochen wird. Der Konflikt nimmt an Schärfe zu, der Bannspruch erklärt die Ratsherren als »Hundsfotte für rechtlos und vogelfrei«. Und als auch Kaiser Friedrich III. mit der Reichsacht droht, kommt es zu einer schwerwiegenden innerstädtischen Krise, indem Rat und Bürgerschaft sich entzweien und nicht mehr die gleiche Sprache sprechen.

Turbulenzen prägen das innerstädtische Geschehen in den Jahren nach 1450: Der alte Rat wird abgesetzt, ein neuer installiert, der sich indes ganz und gar nicht in der Lage sieht, die Schuldenprobleme der Stadt auch nur im Ansatz zu mildern. Aufruhr breitet sich in der Bürgerschaft aus, als der neue Rat mehr willkürlich denn sachkundig ans Werk geht und den alten Bürgermeister Johann Springintgut in Kerkerhaft nehmen lässt. Unter unwürdigsten Umständen kommt dieser im Juli 1455 darin zu Tode.

Die Hansestädte – Hamburg, Stade und mehr noch Lübeck – beobachten die Geschehnisse in Sorge, ist doch der Salzhandel arg gefährdet. Der Herzog von Schleswig bemüht sich vergeblich um eine Lösung des Konflikts. Letztendlich sind es dann doch wieder Kaiser und Papst, deren konträre Einflussnahme die streitenden Parteien zum Kompromiss bewegt. Dieser wird nach zähen Verhandlungen schließlich kurz vor Weihnachten 1462 im Kloster zu Reinfeld gefunden: Wenige Tage später wird der Rat vom Kirchenbann befreit, aber es sollte noch bis zum Juli 1471 dauern, bis auch die Reichsacht über die Stadt aufgehoben wird.

Beginnender Machtverfall

Gewiss erreicht Lüneburg zum Ende des 15. Jhs. den Gipfelpunkt von Macht und Ansehen, hätte Bischofssitz sein können, wäre es dem päpstlichen Ansinnen, die Pfarr- und Taufkirche St. Johannis zur Kathedrale zu erheben, gefolgt. Doch zeigt sich der Rat der Stadt solchen aus seiner Sicht zweifelhaften Segnungen gegenüber misstrauisch, sieht dadurch die städtischen Freiheiten gefährdet. Nicht anders verhält sich die Stadt, als Stimmen laut werden, ihr die Reichsunmittelbarkeit anzutragen: So spricht Kaiser Karl V. um die Mitte des 16. Jhs. von »unser und des Reichs Lunenburg«, woraus sicher eine wohlgesonnene kaiserliche Wertschätzung spricht. Lüneburg aber vermag solchen Verlockungen zu widerstehen, wohl aus dem Kalkül heraus, am besten zu fahren, wenn es in einer »zwielichtigen Stellung« verbleibt.

Und doch setzt bereits kurz nach 1500 in Lüneburg ein zunächst kaum wahrnehmbarer Verlust der eigenmächtigen

Selbstherrlichkeit ein. Dies findet seine Gründe hauptsächlich in der wachsenden Stärke des Fürstenstaates durch die Zunahme seiner finanziellen Spielräume, durch gut ausgebildete Beamte in höfischen Diensten und durch eine sich Geltung verschaffende neue Staatsauffassung des frühen Absolutismus. Jetzt werden der noch mächtigen Hanse fürstliche Grenzen gesetzt.

Zu Anfang Februar 1520 hält sich Herzog Heinrich der Mittlere mit großem Gefolge und seinem Sohn Ernst, dem späteren Bekenner, in der Hansestadt auf und wird feierlich im Rathaus empfangen. In stattlichem Aufzug empfängt er die Huldigung. Zwar werden durch ihn die Privilegien von 1388 urkundlich bestätigt, doch erkennt Lüneburg eben auch die Erbuntertänigkeit an. Wird bis dahin in der Huldigungsformel gegenseitig »Treue und Huld« gelobt, so beansprucht der Fürst fortan »Furcht und Ehre« als einseitige Pflicht der Untertanen gegen die staatliche Obrigkeit.

Unmissverständlich klar wird dies in der Herrschaftsauffassung des nachfolgenden Herzogs Ernst. Zwar sieht er sich von Kaiser Karl V. eindringlich ermahnt, die Freiheiten und Gerechtigkeiten Lüneburgs nicht gewaltsam anzutasten, doch versteht er es mit der Durchsetzung der Reformation, die vom Rat der Stadt lange abgelehnt wird, dem Herrschaftsanspruch des Fürsten über den Rat Geltung zu verschaffen. Und mit der vollen Hoheit auch über die Kirche ist dieser Landesfürst von dem Bewusstsein geleitet, die staatliche Ordnung als einen von Gott auferlegten Auftrag zu gestalten.

Beschleunigung des Wandels

Dieser Prozess beschleunigt sich im weiteren Verlauf des 16. Jhs., als die an die Stadt verpfändete herzogliche Vogtei an die Landesherrschaft zurückfällt. An die Stelle des vom Rat eingesetzten Bürgervogtes tritt jetzt ein herzoglicher Beamter – dies bedeutet nichts anderes als die fürstliche Entschlossenheit, seinem Willen Nachdruck zu verleihen. Und mit dem Niedergang der Hanse verliert Lüneburg nicht zuletzt die Handlungsfreiheit in der Gestaltung seiner auswärtigen Beziehungen. So bleibt die Stadt zwar »Herr in ihren Mauern« – aber selbst dies nur unter den strengen Blicken des landesherrlichen Vogtes.

Inzwischen erreicht der Dreißigjährige Krieg auch Lüneburg, schwächt seine finanzielle und ökonomische Potenz. Die Stadt rüstet sich, nimmt Söldner in ihre Dienste, verstärkt die Stadtbefestigung und versieht sie mit schweren Geschützen. Schwedische Truppen besetzen 1636 mit drei Regimentern die Stadt, bis kursächsische und brandenburgische Streitkräfte sich ihr nähern. Im Bunde mit ihnen rücken 700 Soldaten des Welfenherzogs Georg in die Stadt vor, die Schweden verschanzen sich auf dem Kalkberg und ziehen nach geschickten Verhandlungen Georgs im September 1636 ab.

Lüneburg bleibt von weiteren kriegerischen Ereignissen verschont, doch geht die Stadt stark geschwächt aus diesen Zeiten hervor – und der Rat erleidet einen erheblichen Autoritätsverlust. Dies ist die Stunde des Landesherrn: Bereits am 13. Dezember 1636 suspendiert Herzog Georg den Rat, neuer erster Bürgermeister wird Johann Stern, der Buchdrucker, der Georg den Einzug in die Stadt möglich gemacht hat. Der neue Rat wird aus Patriziern und Vertretern der Bürgerschaft gleichermaßen gebildet. Und die Herzöge – Georg und Friedrich – machen ohne Umschweife klar, wer fortan das Sagen hat: Gebote und Verbote der Landesherrschaft seien künftig so zu befolgen, »wie geborenen und gehorsamen Untertanen eignet und gebühret«.

Gleichsam sinnlich wahrnehmbarer Ausdruck fürstlicher Präsenz ist die Preisgabe des Kalkberges, jenes Ortes also, mit dem die Stadt stolze Erinnerungen bis in die Gegenwart verbindet und pflegt. Georg lässt ihn befestigen, richtet dort eine herzogliche Garnison ein, und mancher Bürger mag sich angesichts dessen gefühlt haben, als läge die Stadt »unter den Kanonen des Landesherrn«.

Lüneburg als »welfische Erb- und Landstadt«

1705 fallen Fürstentum und Stadt Lüneburg an die Calenberger Linie des Welfenhauses und werden damit Teil des Kurfürstentums Hannover. Kurfürst Georg Ludwig empfängt 1706 im eigens für ihn hergerichteten Huldigungssaal den Treueeid der Stadt, besteigt wenige Jahre später, 1714, den englischen Thron und die Welfen residieren hinfort 123 Jahre überwiegend in London.

Lüneburg teilt künftig die Geschicke des Kurfürstentums in der engen Verbundenheit Hannovers mit dem englischen Thron: So im Siebenjährigen Krieg, in dem England an der Seite Preußens gegen eine österreichisch-russisch-französische Koalition um das machtpolitische Gleichgewicht in Europa kämpft. Die Stadt Lüneburg wird in die Wirrnisse dieses großen Konflikts hineingezogen, als bereits im September 1757 französische Husaren und Kürassiere zahlreiche Quartiere in der Stadt nehmen. Mehrere Tausend Soldaten müssen versorgt und bewirtet werden und sind nicht bescheiden in ihren Ansprüchen. Gewiss: Die französische Besatzung ist nach gut 100 Tagen beendet, doch die Erholung der Stadt von den Bedrückungen sei – so ein zeitgenössischer Chronist – »nicht in einem Saeculo« zu leisten.

Wechselnde Herrschaften

Mit dem Beginn des 19. Jhs. bricht auch für Lüneburg eine Zeit wechselnder Herrschaftszugehörigkeiten an. Bereits im Juni 1803 rücken erste napoleonische Truppen in die Stadt ein – immerhin rund 8.000 schwer bewaffnete Soldaten. Senator Meyer, genötigt Worte der Ergebenheit während der Feier zur Kaiserkrönung Napoleons in französischer Sprache zu finden, wird mit sich gerungen haben, als ihm die Aussage »Nous sommes français« über die Lippen kommt.

Mit einem Tauschhandel zwischen Napoleon und dem preußischen König Friedrich Wilhelm III. fällt das Kurfürstentum Hannover am 1. April 1806 unter preußische Herrschaft, und kurz darauf ziehen Ende Mai preußische Soldaten in Lüneburg ein. Doch nachdem die Schlacht bei Jena für Preußen im Desaster endet, besetzen im November 1806 erneut französische Streitkräfte die Stadt, die kurz darauf in das napoleonische Kaiserreich einverleibt wird. Lüneburg wird Sitz eines Arrondissements.

»IN UNTERTÄNIGSTER DEVOTION, LIEBE UND TREUE« – DIE HULDIGUNG VON 1706

HINTERGRUND

Kurz vor Weihnachten 1706, am vierten Advent, kommt es in Lüneburg zu einer pompösen Huldigungsfeier anlässlich eines Besuches des Kurfürsten Georg Ludwig. Die Stadt und ihre Repräsentanten befinden sich schon Wochen vorher in aufgeregter Betriebsamkeit, sind doch etliche Vorbereitungen zu treffen, denn der Kurfürst erscheint mit großem Gefolge: Angekündigt sind mehr als 400 Personen mit gut 300 Pferden. Hierunter befinden sich der gesamte Hofstaat, die kurfürstliche Garde, Musikanten, Köche, Lakaien und Stallknechte. Stadt, Rathaus und Marktplatz, das Schloss und zahlreiche Wohnungen werden »herausgeputzt«, Bürgerkompanien üben das Exerzieren, Ehrenpforten werden kreiert, Schlachter und Bäcker, Brauer und Weinhändler instruiert, genügend Vorräte für die zu bewirtenden Gäste zu beschaffen. Eskortiert von 25 bis 30 Gardereitern erscheint der Kurfürst in einer vergoldeten, innen mit rotem Samt ausgelegten sechsspännigen Prunkkarosse, um die mehrere Tage andauernden Huldigungsfeiern kurz darauf mit einer Audienz zu eröffnen. Ansprachen werden gehalten, die städtischen Repräsentanten versichern ihrem Landesherrn »die Erbhuldigungspflicht mit fröhlichem Mund [...] in Treu und Devotion«, der Kurfürst lässt durch seinen Geheimen Rat Fabricius verlauten, der Stadt seine »gnädige Huld« und insbesondere den Schutz der evangelischen Religion sowie eine gerechte Justiz zuzusichern. Sodann erfolgt die Vereidigung der Bürgerschaft im Huldigungssaal, »so zu dem Ende sauber ausgemalet«.

Die chronikalischen Aufzeichnungen durch Johann Heinrich Büttner machen neben aller Detailliertheit vor allem deutlich, dass die Hansestadt sich nunmehr vollends damit abgefunden hat, sich der landesherrlichen Autorität in »demütigster Dankbarkeit und Pflicht« zu ergeben.

Diese Zeit ist gewiss geprägt von zahlreichen Bedrängnissen, von massiven wirtschaftlichen Einbußen, von Konkursen, Wertverlusten, Steuererhöhungen und allen denkbaren materiellen Aufwendungen für die Besatzer – nicht weniger auch von zornigem Verdruss, aufrührerischen Regungen und geheucheltem Wohlverhalten. Doch stehen dem auch effiziente Neuerungen gegenüber, die sich in der Verwaltung, im Gerichtswesen, in den Friedhofsordnungen, im Gesundheitswesen und in vielen weiteren Bereichen zeigen.

Mit dem Jahr 1813 überstürzen sich die Ereignisse. Kosaken und russisch-preußische Truppenverbände nähern sich der Stadt, um die verbliebenen französischen Einheiten von hier zu vertreiben. Es kommt zu Gefechten. Ende April sind wiederum Franzosen in Lüneburg, ein Hin und Her zwischen den verfeindeten Streitmächten kennzeichnet die folgenden Monate bis in den Herbst von 1813. Im September kommt es zu großen Gefechten in der Göhrde, im Monat darauf findet mit der Schlacht von Leipzig, wenig später mit Waterloo die napoleonische Ära ein Ende. Der nachfolgende Wiener Kongress macht es sich zur Aufgabe, Europa neu zu gliedern: Das Kurfürstentum Hannover wird am 11. November 1814 zum Königreich erhoben.

Mit den Beschlüssen des Wiener Kongresses setzen allerorten Bestrebungen ein, die »alten Verhältnisse« wiederherzustellen. Lüneburg wird 1823 Sitz der königlich eingerichteten Landdrostei und so nimmt wieder ein direkter Vertreter der königlichen Staatsverwaltung seinen Platz im Schloss ein. Er erhält den Auftrag der Staatsregierung, eine Reform der Lüneburger Stadtverfassung durchzusetzen und stößt hierbei auf hartnäckige Widerstände, die ihm eine unsagbare Geduld abverlangen.

Alsbald sind es erneut die großen Ereignisse, die auch Lüneburg ganz unmittelbar betreffen. 1866 kommt es zum kriegerischen Konflikt zwischen Preußen und Österreich. Während Bismarck von Hannover einen Neutralitätsvertrag verlangt, besteht Österreich auf die Bündnistreue und Hannover fügt sich dem. Bereits im Juni 1866 besetzt preußische Kavallerie die Stadt, und nachdem Preußen die Österreicher bei Königgrätz besiegt, kommt es in Hannover zu Verhandlungen, an denen auch Lüneburger Vertreter des Magistrats teilnehmen. Im September wird das Königreich Hannover preußische Provinz. Georg V. dankt ab, begibt sich ins österreichische Exil, die mehr als 700-jährige Herrschaft der Welfen über Stadt und Land Lüneburg ist Geschichte.

Es sollten nur wenige Jahre vergehen, bis auch Lüneburg seinen Platz im deutschen Kaiserreich einnimmt. Die Stadt bleibt mit der Landdrostei ebenso Verwaltungsmittelpunkt der Region wie Garnisonstadt. Seit dem deutsch-französischen Krieg werden patriotische Gesinnungen, die sich teilweise zu einem extremen Nationalismus auswachsen, lauter und vernehmlicher. Bereits Anfang September gründet sich ein Kriegerverein der Veteranen von 1870/71, und ihm folgen zahlreiche weitere Traditionsvereine der in Lüneburg heimischen Truppenverbände.

Begleitet vom äußerst nationalistisch ausgerichteten »Alldeutschen Verein« greift auch in Lüneburg eine Propaganda um sich, die den Weg in den Ersten Weltkrieg ebnet und dessen Ende den Übergang vom Kaiserreich zur Republik bedeutet. Es sind Kieler Matrosen, die am 7. November 1918 als Angehörige des Arbeiter- und Soldatenrates auf dem Lüneburger Bahnhof eintreffen, dort einer Landsturmkompanie begegnen und es verstehen, beschwichtigend eine Konfrontation zu vermeiden – dieser Moment mag von einigen Zeitgenossen vornehmlich als »Zusammenbruch des Vaterlandes« empfunden worden sein, ist aber der Beginn einer Demokratisierung, die mit der nationalsozialistischen Diktatur gewaltsam unterdrückt wird.

Lüneburg wird im April 1937 Hauptstadt des »Gaues Osthannover«, mehrfach werden im Verlauf des Zweiten Weltkrieges Bomben von alliierten Fliegern auf die Stadt abgeworfen, doch bleibt die Stadt weitgehend unzerstört. Mitte April 1945, am 18., marschieren britische Truppen als Besatzer in die Stadt ein, Anfang Mai kapitulieren die deutschen Streitkräfte in Nordwestdeutschland auf dem Timeloberg in der Nähe der Stadt. Die britische Besatzungsmacht beruft am 22. August 1945 mit dem »Stadtausschuss« ein erstes städtisches Selbstverwaltungsorgan als ein Instrument, einen Prozess zur allmählichen Demokratisierung einzuleiten. Weitere Maßnahmen folgen bereits im Jahr 1945: Demokratische Parteien werden im November 1945 wieder aktiv, der Nordwestdeutsche Rund-

Einzug der Bundeswehr in den Standort Lüneburg am 8.11.1958. Symbolische Übergabe der Lüneburger Kasernen auf dem Paradeplatz der Schlieffenkaserne. Schottisches Regiment: Ehrenkompanie der hier stationierten The Highland Light Infantry.

funk nimmt seinen Sendebetrieb schon im September auf, die »Lüneburger Landeszeitung« erscheint ab Januar 1946, Ausgangsbeschränkungen und Fraternisierungsverbote werden aufgehoben bzw. gelockert, Entnazifizierungsverfahren aufgenommen.

Am 1. November 1946 erfolgt die Gründung des Landes Niedersachsen, am 20. April 1947 wird der erste niedersächsische Landtag demokratisch gewählt, dem aus der Stadt Lüneburg Ernst Braune von der SPD angehört. Noch aber sind britische Soldaten in der Stadt, Wohnungen beschlagnahmt. 1956 verlassen die Briten das Kurgelände, am 8. November 1958 kommt es auf dem Paradeplatz der Schlieffenkaserne zur symbolischen Übergabe der Kasernen an die Bundeswehr.

Sülfmeister und Kaufleute, Handwerker und Industrielle

Dominanz des Salzes

»De sulte dat is Luneborch« – diese geradezu apodiktische Aussage hat gewiss ihre Berechtigung, als Hinrik Lange sie 1461 ausruft zu einer Zeit, als die Saline der Stadt ihren wirtschaftlichen Stempel aufdrückt und den patrizischen Geschlechtern als Sülfmeistern immensen Reichtum beschert. Hinrik Lange ist einer der Bürgermeister in den unruhigen Zeiten um die Mitte des 15. Jhs., und seine Aussage ist auch ein nachdrücklicher Appell an die »unlösliche Verbundenheit« zwischen Saline, Rat und Bürgerschaft.

Über die eigentlichen Ursprünge ihrer Entstehung liegen kaum gesicherte Kenntnisse vor, das »hiesige Salzwerk ist so begrauten Alters, dass sich [...] nicht [...] angeben lässt, zu welcher Zeit dasselbe die Entstehung genommen habe«, schreibt in der zweiten Hälfte des 18. Jhs. Urban Friedrich Manecke, der die Sülzeinkünfte erhebt und zahlreiche Abhandlungen zur Lüneburger Stadtgeschichte verfasst.

In frühester Zeit werden die Sachsenherzöge Eigentümer der Saline gewesen sein, danach sind es die Billunger, schließlich ist es das herzogliche Welfenhaus. Doch nach und nach verschenken, verkaufen oder verpachten sie Anteile ihres Salineneigentums: Kirchen, Klöster und Stiftungen erwerben als Prälaturen umfangreiches Eigentum an der Saline, deren Nutzung sie den später so benannten Sülfmeistern als Pächtern überlassen.

Mittelalterlicher Industriebetrieb

Die Lüneburger Saline entwickelt sich rasch und unaufhaltsam zu einem industriellen Großbetrieb. In 54 Siedehäusern werden 216 Siedepfannen Tag und Nacht befeuert, um aus der hochgepumpten Sole das wertvolle Salz förmlich »heraus zu kochen«. In jeder Siedehütte finden fünf Arbeiter und Arbeiterinnen Beschäftigung in mindestens zwei Schichten unter harten Arbeitsbedingungen. Die eigentliche Betriebsleitung liegt in den Händen der Sülfmeister mit klaren Zuständigkeiten: Überwacht der Sodmeister die Einhaltung der Betriebsordnung, die Brandschutzmaßnahmen und Instandhaltung der Anlagen, so ist der Barmeister zuständig für die Gewährleistung der Produktionsabläufe. Er ist gemeinsam mit dem Sodmeister für den Feuerschutz verantwortlich, sichert die Holzversorgung und die Infrastruktur des Salinengeländes.

Durch die Saline finden zweifellos mehrere Hundert Menschen ein Auskommen. Zahlreiche weitere Gewerke stehen in direkter Beziehung zum Salzwerk; es existiert kaum ein Haushalt in der Stadt, dessen Einkünfte nicht auch aus der Saline hervorgehen.

Salz und Holz

In diesen Zeiten liefert das Lüneburger Salzwerk rundherum zwischen 15.000 und 22.000 Tonnen Salz Jahr für Jahr hauptsächlich über Lübeck in den Ostseeraum, vornehmlich zur Heringsmesse im südschwedischen Schonen. Damit der mächtige Umfang der Salzproduktion aufrechterhalten werden kann, bedarf es ungeheurer Mengen Buchen und Eichen, die zur Befeuerung der Siedepfannen herangeschafft werden. Sie werden zunächst in den umliegenden Wäldern nahe der Stadt geschlagen und mit Fuhrwerken zur Saline transportiert. Von »Holznot« ist in diesen Zusammenhängen stets die Rede. Es werden Verträge ausgehandelt mit den benachbarten Mecklenburgern, mit Sachsen-Lauenburg. Die »Schaal- und Stecknitzfahrten« werden zwecks der immensen Holztransporte eingerichtet und ausgebaut.

So ist die Saline eben nicht nur ein Unternehmen, das Arbeit, Wohlstand und Auskommen sichert, sondern das sich

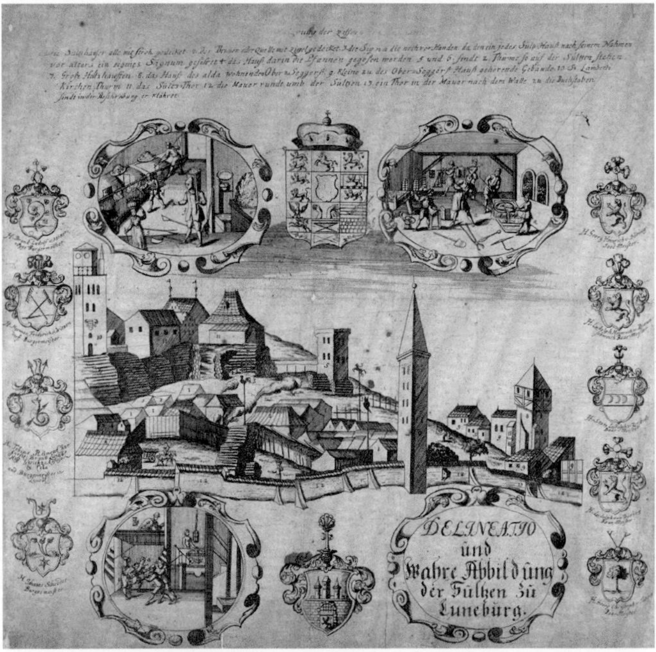

»Delineatio und wahre Abbildung der Sülthen zu Lüneburg«. Kupferstich 1710. Neben dem Gelände und den Einrichtungen des Salinenbetriebes schildern die Kartuschen das Innere einer Siedehütte, die Herstellung der Siedepfannen und das Pumpen der Sole.

hinsichtlich des Holzverbrauchs auch von unersättlicher Gefräßigkeit mit beträchtlichen Folgen für die Umwelt zeigt. Grob gerechnet werden jährlich 30.000 bis 100.000 Bäume unter den pausenlos dampfenden Siedepfannen schlichtweg verfeuert. Und es sind durchaus berechtigte Annahmen, die im Abbau der Sole den Grund für erhebliche Erdsenkungen vermuten, die bereits seit dem 11. Jh. auftreten.

Dennoch: Mit der Saline und dem Salzhandel verbinden sich durch die Jahrhunderte hindurch gefällige Meinungen, sie nehmen einen herausragenden Platz im kollektiven Gedächtnis der Stadt ein. Und dies aus durchweg guten Gründen.

Doch nicht von ungefähr feiert die Stadt auch heute noch regelmäßig und ambitioniert mittelalterlich anmutende Handwerkermärkte in den Gassen der Altstadt und stellt diese gleichrangig neben die Sülfmeistertage.

Dem ältesten Stadtbuch Lüneburgs sind zahlreiche Handwerksberufe zu entnehmen, die bereits vor 1400 die Menschen in der Stadt versorgen. Neben den allerorten anzutreffenden Schneidern, Schustern und Bäckern sind mit Gold- und Silberschmieden, Seidenwebern, Perücken- und Kissenmachern, »Posamentierern«, Taschenmachern und »Jackenstickern« solche Berufe in der Stadt ansässig, die anspruchsvollen Bedürfnissen nachkommen. Bau- und Metallhandwerker sind ebenso zahlreich vertreten wie jene in der Herstellung von Nahrungsmitteln, von Möbeln und Kleidung, von Fenstern und Türen. Glockengießer bedienen die imposanten Kirchen, Waffen- und Rüstungsschmiede dienen der Wehrhaftigkeit der Stadt. Und bei den Grapengießern, »Luchtenmakers« und Siebmachern werden wie in zahlreichen weiteren Betrieben Gebrauchsgüter jeglicher Art verfertigt. Böttcher, Reepschläger und verschiedene Schmiede versorgen u. a. die Saline vor allem mit Fässern für das Salz, mit Bleipfannen und weiteren Gerätschaften. Mehr als 40 verschiedene Handwerksberufe verzeichnet das alte Stadtbuch für die zweite Hälfte des 13. Jhs.

Bereits jetzt finden sich in der Stadt zwölf Zusammenschlüsse einzelner Gewerke in der Form von »officia« oder »Ämtern«, die später als Innungen bezeichnet werden. Diesen gehören auch zwei »Ratmannen« als Geschworene oder Beisitzer an, und ihr Votum ist von großem Gewicht: Die städtische Obrigkeit kontrolliert so nicht allein die Saline, sondern übt weitreichende Aufsichts- und Kontrollfunktionen der gewerblichen Wirtschaft aus.

Gilden und Brüderschaften sind in Lüneburg im 14. Jh. nachweisbar: 1331 tritt die »fraternitas sancte crucis« der Imker in Erscheinung, es folgen 1350 die Krämer mit der Liebfrauengilde, 1386 sind es die Mälzer, die mit der »Gilde zum Heiligen Geist« auftreten, 1396 die Salztonnenböttcher, die die

Das alte Kaufhaus und der Kran in Lüneburg. Kolorierter Stahlstich von Friedrich Foltz nach Carl Alexander Lill, 1843.

St. Godehardigilde ins Leben rufen. Am Ende des 15. Jhs. existieren nicht weniger als 15 Gilden der Handwerker in Lüneburg und sie verschreiben sich allesamt karitativen, von christlichen Grundwerten getragenen Zwecken.

»Kagelbrüder« und Brauer

Neben Saline und Handwerk spielen die Brauer und »Kagelbrüder« im mittelalterlichen und frühneuzeitlichen Wirtschaftsleben Lüneburgs eine besondere Rolle. Kagelbrüder sind Kaufleute im hansischen Sinne, deren Handelsbeziehungen bis nach Nowgorod, ins norwegische Bergen, nach Flandern und vereinzelt in den Mittelmeerraum reichen.

Der Handel mit Salz und Heringen beherrscht die Aktivitäten der Kagelbrüder. Doch verstehen sie es, das Handelsvolu-

BIOGRAFIE

ANGESEHENE BRAUER

Die Geschäfte mit dem Bier florieren im 15. und 16. Jh., manche Brauer gelangen zu Reichtum und Ansehen, sind gebildet und selbstbewusst. Unter ihnen Jürgen Hammenstede, der lange als Brauerältermann der Gilde vorsteht, weit gereist ist und neben der lateinischen Sprache auch des Italienischen mächtig ist. Er hinterlässt lesenswerte chronikalische Aufzeichnungen und unterhält ein dichtes Netz weitgespannter Kontakte. So auch sein Zeitgenosse Heinrich Kröger, der ein ansehnliches Stipendium für begabte »scholaren« errichtet, da »Gott ihn in Lüneburg ziemlichermaßen mit zeitlichen Gütern gesegnet habe«.

men auszuweiten. Bald sind es viele andere typische Waren und Güter dieser hansischen Kaufleute, die den Weg nach Lüneburg finden und hier auf eine lukrative Nachfrage treffen: Wachs, Honig und Felle, Leinen, Wein und Gewürze, venezianisches Glas und portugiesische Keramiken werden zunehmend am Ilmenauhafen angelandet.

Auch die Kaufleute bilden Gilden aus, doch gehören ihrer Bruderschaft auch Ehrenmitglieder an, die nicht im Handel tätig sind: Gelehrte und andere angesehene Männer der städtischen Gesellschaft, unter ihnen auch der eine oder andere Sülfmeister. Ohnehin nehmen diese feste Plätze in der Gesellschaft der Kagelbrüder ein – auch hier also ist die städtische Obrigkeit prominent und einflussreich wirksam. Und auch die Kagelbrüder widmen sich neben wirtschaftlichen und geselligen Interessen in besonderer Weise religiösen und karitativen Zwecken: Sie stiften den St. Antonii-Altar und statten die zugehörige Kapelle in der St. Johanniskirche reichhaltig und wertvoll aus, unterhalten ein ewiges Licht in der Lambertikirche, speisen bis ins 18. Jh. hinein jährlich die Armen der Stadt, richten 1565 eine Totenkasse ein.

Nicht anders verhält es sich mit den Brauern in der Stadt, die in diesen Zeiten Ansehen und Einfluss gewinnen. Das Braugewerbe entsteht in dem Bestreben, Hamburger und Einbecker Bieren eine eigene Marke entgegenzusetzen. Dies gelingt 1453 dem Lüneburger Brauer Jürgen Radke, als er das »witte ber« auf den Markt bringt, das zu einem lebhaften Aufschwung im Braugewerbe und im Bierhandel führt. Von jetzt an nimmt auch der Rat reglementierend Einfluss auf das Brauereiwesen, entsendet ab 1564 zwei Vertreter in die Gilde und behält so auch diesen einträglichen Wirtschaftszweig im kontrollierenden Blick.

1418 sind acht Brauereien in der Stadt ansässig, 1580 sind es mehr als 80 – und nicht wenige produzieren nicht nur für den lokalen Markt, sondern vertreiben ihre Biere im überregionalen Handel. Unter ihnen die 1485 gegründete Kronenbrauerei in der Heiliggeiststraße, die bis heute existiert.

Schon 1386 schließen sich die Mälzer zur Heiliggeistgilde zusammen. 1521 gründen sie mit den Brauern zusammen die St. Jostes-Brüderschaft. Auch sie widmet sich religiösen und wohltätigen Zwecken. So stiftet sie eine Kapelle in der Nicolaikirche und stattet diese mit einer großzügigen Kommende aus. Ein ansehnliches Kirchenfenster in St. Nicolai verweist auf die enge Verbundenheit der Brauer mit dieser Kirche.

Krisenhafte Zeiten

Bereits in der zweiten Hälfte des 16. Jhs. mehren sich Anzeichen einer heraufziehenden Krise. Dem Lüneburger Salz erwachsen von vielen Seiten Konkurrenzen. Es ist nicht allein das preisgünstigere französische Meersalz, das nunmehr von holländischen Kaufleuten in großen Mengen in den gesamten Ostseeraum befördert wird. Auch in der näheren Umgebung breiten sich konkurrierende Unternehmungen aus: Im Mecklenburgischen nimmt ein Salzwerk seinen Betrieb auf, so auch im Brandenburgischen. Und der dänische König lässt die Saline in Oldesloe wiederaufleben. Hier wie dort werden zudem Importbeschränkungen für das Lüneburger Salz erlassen, werden hohe Zölle erhoben oder – wie in Schweden, Danzig oder Reval – französische und schottische Salzimporte begünstigt.

Von diesen Entwicklungen wird auch die Hanse mit ganzer Wucht getroffen, mit deren Ende der Städtebund zerfällt. Inzwischen haben sich Wege und Ausrichtungen im Handel grundlegend verschoben. Im Fernhandel tritt der atlantische und Kolonialhandel in den Vordergrund, Niederländer beherrschen die Versorgung des Ostseeraumes und damit verliert Lübeck seine zentrale Stellung im nordeuropäischen Zwischenhandel – mit erheblichen Folgen für die Lüneburger Kauf- und Handelsleute.

Es liegt auf der Hand, dass die Krise der »sulte tho Luneborch« und der Hanse tiefgreifende Auswirkungen nach sich zieht. Die Sülfmeister zeigen sich in allgemeiner Ratlosigkeit, halten zunächst in gewohnter Weise am Betrieb und Produktionsumfang fest, ohne zu wissen, wohin mit dem Salz. Auch die Handwerker spüren die Krise in voller Härte. Die Heringstonnen der Böttcher werden kaum noch benötigt, ebenso wenig die bleiernen Siedepfannen, zahlreiche Schmiede und Zimmerleute verlieren Aufträge – und so ergeht es mehr oder weniger auch allen übrigen Handwerksbetrieben.

Diese krisenhafte Situation wird im 17. Jh. durch den tosenden Dreißigjährigen Krieg verschärft. Jetzt legen einige Sülfmeister ihren Betrieb still, andere verkaufen ihre Siederechte. Zaghaft anmutende Modernisierungsansätze des Salinenbetriebs bleiben bereits in ihren Anfängen stecken.

Die fortwährende »Nahrungslosigkeit« der einst »so ansehnlichen Stadt« weckt die Besorgnis der kurfürstlichen Kanzlei. Zahlreiche Sülfmeister verlassen mittlerweile die Stadt, »Großkaufleute« gibt es – so heißt es in den Berichten – »gar keine mehr«. Hingegen sind mehr als 400 Handwerksbetriebe in der Stadt ansässig. Niemand nimmt die Anregungen der Räte auf, in der Stadt Manufakturen und »Fabriquen« anzusiedeln: eine Blockade, die die Impulse der Geheimen Räte zu Hannover gleichsam gegen eine starre Wand laufen lässt.

Neuer Aufbruch

Gegen Ende des 18. Jhs. erscheinen erste Lichtblicke im Wirtschaftsleben der Stadt. Die Nachfahren der einstigen Kagelbrüder verlegen ihre Aktivitäten auf den Speditionshandel, organisieren die Ilmenauschifffahrt neu und ebenso den binnenländischen Frachtverkehr. Immerhin werden um 1800 am

August Wellenkamp (1807–1888). Das Gemälde des Lüneburger Malers Nikolaus Peters zeigt den Architekten und Eisengießereibesitzer August Wellenkamp im Jahr 1850 als selbstbewussten Unternehmer.

Lüneburger Kaufhaus jährlich 80.000 Tonnen Güter umgeschlagen und täglich auf nahezu 100 Fuhrwerke verladen. Von hier aus gelangen sie auf die großen Frachtstraßen nach Brandenburg und Sachsen, nach Schlesien, Böhmen und Österreich. 1825 sind 49 Speditionsunternehmen in diesen Geschäften tätig und mit ihnen ungefähr 200 Fuhrleute und zahlreiche Ilmenauschiffer. Dieser Transithandel belebt zudem die Handwerksbetriebe vor allem der Stellmacher und Böttcher, der Schmiede und Sattler; und auch die Gastwirte und »Herbergierer«, Brauer und Branntweinbrenner machen gute Geschäfte.

Zur gleichen Zeit geht es auf Initiative der hannoverschen Regierung an eine grundlegende Reform der Saline. Mit Friedrich Ernst von Bülow, dem Landschaftsdirektor und Vorsteher der Ritterakademie, wird 1797 ein von aufklärerischem Tatendrang erfüllter Reformer mit ihrer Umgestaltung beauftragt. Seiner Tatkraft und dem technischen Sachverstand von Georg Sonnin ist es zu verdanken, dass die Saline seitdem wieder rentabel betrieben werden kann.

Zudem treten neue Kräfte mit unternehmerischer Initiative hervor, und mit ihnen ist die Zeit der patrizischen Sülfmeister ein für allemal vorbei – Parallelen zu Thomas Manns »Buddenbrooks« drängen sich auf, spiegeln sich im Niedergang dieser stolzen Geschlechter. Bereits im späteren 18. Jh. beleben verschiedene Manufakturen die Stadt: Gegen den Widerstand aus dem Handwerk nimmt eine Leinen- und Seidenmanufaktur ihren Betrieb auf, gründet Johann Friedrich Crato 1788 eine Spielkartenmanufaktur. Es entsteht eine Bieressig- und Zuckerfabrik, auch eine Tabaksmanufaktur. Jetzt ist der Geist der Zeit erfüllt von einer Aufbruchstimmung und der Bereitschaft, neue Wege zu gehen.

Mit Friedrich Penseler kann der erste erfolgreiche Lüneburger Fabrikant ausgemacht werden. Er etabliert 1821 eine Tapetenfabrik, beschäftigt gegen Ende des Jahrhunderts nahezu 100 Arbeiter. Sie produzieren knapp 900.000 Tapeten Jahr für Jahr. Ihm folgt Georg Leppien. Zunächst im Speditionshandel tätig, verlegt er sich 1811 auf den Tuchgroßhandel, um 1837 die Produktion von Möbelhaartuch und Plüsch aufzunehmen. Sein Unternehmen arbeitet in den 1860er Jahren mit 150 Webstühlen und exportiert bereits 1838 Haartuch ins nordamerikanische Philadelphia.

Zahlreiche Impulse erhält die städtische Wirtschaft dann von der Unternehmerfamilie Heyn, die in Harburg eine Zuckerraffinerie betreibt: Vorbild für eine Anlage, die Anton Heinrich Heyn im alten Lüneburger Marstall anlegt. Er ist auf der Höhe der Zeit, stattet die Fabrik mit einer Vakuum-Anlage aus und bedient sich der modernen Technologie der Dampfmaschine – der ersten in Lüneburg. Seine Söhne errichten 1860 die Portland-Zementfabrik, die sich mit einer Belegschaft von nahezu 400 Mitarbeitern bis zum Ende des Jahrhunderts zu einem der größten Industriebetriebe der Stadt entwickelt. Die Kalk- und Gipsvorkommen am Kreideberg motivieren bereits 1838 den Schiffer Jürgen Daetz aus Neuhaus, hier eine Kalkbrennerei ins Leben zu rufen, die er 1843 deutlich erweitert, als es darum geht, Hamburg nach dem großen Stadtbrand wiederaufzubauen.

Und es entsteht mit der Reichenbachschen Fassfabrik ein weiteres Unternehmen, das der städtischen Wirtschaft wichtige Impulse verleiht. Johann Reichenbach entstammt einer seit 1630 im Böttcherhandwerk nachgewiesenen Lüneburger Familie. Nunmehr wird auch der Portland-Zement in Fässern vertrieben, und Reichenbach beginnt 1867 mit ihrer fabrikmäßigen Herstellung. Erfolgreich – sein Unternehmen beschäftigt um 1890 bereits 200 Arbeiter.

Es kommt zu zahlreichen weiteren Industriebetrieben, so etwa dem Lüneburger Eisenwerk von August Wellenkamp und Julius Meese, einer Dünger- und Kalkfabrik, zu Ansiedlungen von Fabriken der entstehenden chemischen Industrie, aus der später die Scheidemandel-Motardwerke hervorgehen. Begleitet werden all diese Unternehmensgründungen von neuen Strukturen im Wirtschaftsgefüge. 1845 wird von landesherrlicher Seite der Zusammenschluss der Handel- und Gewerbetreibenden im Handelsverein angeregt. Bald auch fallen Beschränkungen der Gewerbefreiheit, und schon vorher werden Zollschranken aufgehoben. Starke Impulse gehen von infrastrukturellen Neuerungen aus, als die Eisenbahn 1847 auch in Lüneburg Station macht – zunächst mit großem Argwohn als existenzgefährdende Bedrohung gefürchtet.

Gegen Ende des Jahrhunderts werden insgesamt 37 Industriebetriebe in der Stadt registriert. In allen Unternehmen gehen ungefähr 1.300 Arbeiterinnen und Arbeiter ihrer Beschäftigung nach, im Handwerk finden 1.500, im Groß- und Kleinhandel etwa 500, in den öffentlichen Diensten 450 Menschen einen Arbeitsplatz. Lüneburg ist so im Zeitalter der Industrialisierung gewiss kein Zentrum der Großindustrie, doch ganz unverkennbar sind es die Industriebetriebe und unternehmerischen Initiativen, die diese Stadt aus einer lang andauernden, geradezu starren Lethargie befreien.

Kriege – Krisen – Neuanfänge

Der hereinbrechende Erste Weltkrieg setzt diesen Entwicklungen ein abruptes Ende. Versorgungsengpässe treten mit Beginn des Krieges auf und nehmen in seinem Verlauf dramatisch zu. Industriebetriebe müssen ihre Produktion einschränken, teilweise auch ganz einstellen – sei es aus Mangel an Arbeitskräften, sei es, weil ihre Erzeugnisse keinen Absatz finden. Andere stellen ihre Produktion um, fertigen jetzt Rüstungsgüter. Werkstätten der Handwerker müssen stillgelegt werden, weil Handwerksmeister in den Krieg ziehen.

Andererseits gehen Aufträge für das Militär ein. Liefergenossenschaften entstehen für Schneider und Schuhmacher, für Schmiede, Stellmacher und Tischler. Sie liefern den Soldaten Feldwagen, produzieren in großen Mengen Sättel, Geschirr, Riemenzeug für die Kavallerieeinheiten, einige zigtausend Paar Schuhe und etliche tausend Tornister. Uniformen und weitere Bekleidungsstücke werden sowohl industriell als auch in zahlreichen Werkstätten gefertigt.

Es liegt auf der Hand, dass die Kriegsjahre für die Menschen in der Stadt Jahre der Not, des Mangels, der Entbehrungen und des Hungers bedeuten. Nahrungsmittel werden zu wenig produziert, Bäcker, Landwirte und Schlachter beliefern Soldaten an der Front und in den Kasernen. Es kommt zu Rationierungen nicht nur von Brot, Fleisch oder Kartoffeln, sondern auch von Strom, Gas und Öl. Und als der Krieg 1918 im November zu Ende ist, dauert die Krise an. Aufträge für Industrie und Handwerk bleiben aus, Rohstoffe werden kontingentiert.

Die Katastrophe der Weltwirtschaftskrise überzieht die Betriebe mit ihrer ganzen Wucht. 1929 nehmen Konkurse und Insolvenzen zu. Im Lüneburger Eisenwerk finden 1921 noch mehr als 1.000 Arbeiter eine Beschäftigung, 1928 weniger als 500 und 1931 nur noch 180.

Mit dem Beginn der nationalsozialistischen Diktatur gehen weitreichende Veränderungen im Wirtschaftsgefüge einher. Zwar erhöht sich die Zahl der Selbstständigen gegenüber 1925, doch geht dies hauptsächlich auf die sog. »Notselbstständigen« zurück; meist Ein-Personen-Betriebe, die mehr schlecht als recht über die Runden kommen. Die Arbeitslosenquote der Industriearbeiter liegt nahezu dreimal so hoch wie bei den Angestellten.

Arbeitsbeschaffungsmaßnahmen setzen ein mit Instandsetzungen von Gebäuden und Straßen. Seit Mitte der 1930er Jahre beginnt mit dem Bau von Kasernen die militärische Aufrüstung. Baugewerbe und Straßenbau, Zement- und Ziegelindustrie, Holz-, Installations- und Elektrogewerbe profitieren ebenso wie das Kleingewerbe und der Einzelhandel von diesem Programm im Zeichen der durchdringenden Militarisierung im Vorfeld des Zweiten Weltkrieges. Statt Badewannen produziert das Eisenwerk jetzt Stahlhelme und Kochgeschirr, statt Anzüge fertigen

Der Marktplatz in Lüneburg. Rechts das Warenhaus Gubi (»gut und billig«), ein modernes »Kleinpreisgeschäft«, das Henry und Gerda Jacobson 1930 einrichten. Nur wenige Jahre später erleben sie die Schikanen der NS-Herrschaft und verlassen Lüneburg.

die Schneider Uniformen, die Schuster Knobelbecher. In der stillgelegten Tapetenfabrik von Enckhausen soll von mehr als 200 Frauen haltbares Knäckebrot hergestellt werden.

Damit einher gehen die Terrorakte gegen die Lüneburger Juden. 1933 leben in der Stadt insgesamt 114 jüdische Bürger, 1937 noch 39, zwei Jahre später nur noch 16. Die Verordnung vom 23. November 1938 zur »Ausschaltung der Juden aus dem [...] Wirtschaftsleben« besiegelt dann auch das Schicksal der beiden noch vorhandenen jüdischen Geschäfte in der Stadt: Das Warenhaus Gubi und das Schuhhaus Schickler werden im November 1938 polizeilich geschlossen und in »arischen« Besitz überführt.

Mit dem Ausbruch des Krieges steht das Wirtschaftsleben vollständig unter seinem Diktum. Überwiegend dient die Wirtschaft seinen Erfordernissen, es wiederholen sich die Drangsale für die zivile Bevölkerung aus den Erfahrungen mit dem Ersten Weltkrieg. Ungleich größer indes nehmen sich jetzt die Ausmaße von Zwangsarbeit und des »Ausländereinsatzes« aus. Bereits im Herbst 1940 fordern Handwerks- und Industriebetriebe Zwangsarbeiter an. Die Ratsmühle wird als Unterbringung hergerichtet – einer Haftanstalt gleich. Am 13. November treffen die ersten 17 Kriegsgefangenen in Lüneburg ein, ihre Zahl nimmt rasch und kontinuierlich zu.

Bereits im Spätherbst 1941 arbeiten 65 russische Kriegsgefangene in den Lüneburger Düngerkalkwerken, jeweils 40 in der Reichenbachschen Fassfabrik und in den Knäckebrotwerken. Bei der Saline und im Eisenwerk sind es jeweils 20. Ein knappes Jahr später ist ihre Zahl auf 697 gestiegen. Sie sind »über 15 Jahre« alt, werden als Kriegsgefangene, Zwangsarbeiter und »freiwillige Zivilarbeiter« in den Betrieben eingesetzt – unter ihnen 348 Frauen. 1943 werden 1.786 Männer und Frauen, Anfang 1945 mehr als 2.200 zu Zwangsarbeiten in Lüneburg verpflichtet. Sie werden in 17 verschiedenen Lagern untergebracht: in Baracken auf den Sportplätzen am Grasweg oder am Kalkberg, in der Schlieffenkaserne oder in Unterkünften, die von den Betrieben hergerichtet werden. Es sind die erbärmlichen Unterkünfte und desaströsen hygienischen Verhältnisse, die neben der harten Arbeit und minderwertigen Ernährung zu ihrer hohen Sterblichkeit beitragen.

Als der Krieg im Mai 1945 zu Ende ist, dauern die Zeiten der Not an. Und die Krise verschärft sich mit den hereinströmenden Flüchtlingen und Vertriebenen, mit den heimkehrenden Soldaten und Kriegsgefangenen. Die britischen Militärbehörden sehen sich mit unvorstellbaren Problemen konfrontiert und setzen im Zusammenwirken mit örtlichen Kräften alles daran, Hunger und Unterernährung, sich ausbreitende Krankheiten, Wohnungslosigkeit und die Versorgung mit dem Nötigsten – den Mangel schlechthin – zu bewältigen.

Doch man greift auch zur Selbsthilfe, improvisiert, um der ärgsten Not Herr zu werden. Im September 1945 wird in 40 von 46 Industriebetrieben mit Einschränkungen wieder gearbeitet: Das Eisenwerk nimmt im Sommer erneut die Produktion von Badewannen und Küchenherden auf. Auch die Knäckebrotfabrik und Wachsbleiche werden in Betrieb genommen, und die Saline liefert täglich 16 oder 18 Zentner Salz. Im Handwerk aber fehlt es vielfach an Material und Werkzeugen, im Handel mangelt es bei leeren Magazinen oft an Waren.

»HILFE AUS SCHOTTLAND«

»... die Not der Menschen [ist] überwältigend. [...] In Lüneburg gibt es allein 15.000 Flüchtlinge. 78 Prozent der Kinder haben Untergewicht. Neugeborene, in die Lumpen ihrer Eltern eingewickelt, sind an der Tagesordnung.« Mit diesen Worten ruft der 26-jährige Douglas Lister, der schottische Militärseelsorger in Lüneburg, seine Landsleute auf der britischen Insel auf, den notleidenden Menschen zu helfen. Und Hilfe kommt mit Hunderten von Paketen. Kistenweise treffen solche auch aus Thomasville im nordamerikanischen Georgia in Lüneburg ein, nachdem auch William Watt seine Mitbürger dazu aufgerufen hat.

Neuer Unternehmergeist in Lüneburg

Gewiss: Angesehene Unternehmen halten der Krise nicht stand, aber es entstehen auch neue Industriebetriebe. Und nicht selten sind es Flüchtlinge, die unternehmerische Initiativen ergreifen: So beispielsweise Hans Pfohe aus Chemnitz, der nach dem Krieg und amerikanischer Gefangenschaft 1946 nach Lüneburg kommt. Hier gründet er 1948 die »Lüneburger Mechanische Strickerei«, die er kurz »Lucia« nach seiner Frau nennt. Das Unternehmen expandiert und beschäftigt bis in die 1970er Jahre mehr als 1.400 Männer und Frauen. Hans Pfohe gilt als einer jener Unternehmer, die das sog. »deutsche Wirtschaftswunder« mit herbeiführen. Er führt Gewinnbeteiligungen für seine Beschäftigten ein, baut Betriebskindergärten und gründet eine Stiftung, die bis heute Studierende mit Stipendien fördert.

Mit Andreas und Johann Loewe kommen 1948 zwei Brüder nach Lüneburg, die wie Hans Pfohe unternehmerisch tätig werden und hier eine Pumpenfabrik aufbauen – mit Erfolg erobern die »Wasserknecht«-Kolbenpumpen den Markt. Wie Pfohe gründet auch Johann Loewe eine Stiftung, die sich sozialen Belangen zuwendet.

Diese Beispiele stehen für etliche andere und machen deutlich, dass das Wirtschaftsleben Lüneburgs vor allem nach der Währungsreform an Dynamik gewinnt und die Stadt mit einem gewissen Optimismus in die Zukunft blickt.

HINTERGRUND

DIE »LÜNALE«

Seit gut einem Jahrzehnt ist die »LÜNALE« eines der Highlights im Wirtschaftsleben der Stadt. Mit Spannung erwartet werden jedes Jahr die Auszeichnungen für innovative Ideen, besondere Geschäftsmodelle und unternehmerisches Engagement. Initiatorin ist die Wirtschaftsförderungs-Gesellschaft für Stadt und Landkreis Lüneburg, die gemeinsam mit den Preisstiftern und Medienpartnern die »Hidden Champions« der Lüneburger Wirtschaft auf die Bühne holt. Die Liste der Preisträger zeigt neben der Vielfalt und Leistungskraft der Wirtschaftsregion auch eine große Verbundenheit der Unternehmer mit der Stadt. Somit trifft die Aussage des Lüneburger Unternehmers und Mäzens Henning J. Claassen eine Grundhaltung: »Lüneburg ist meine Vaterstadt. Meine Urgroßeltern haben hier ihre erste Bäckerei gegründet. Bei aller internationalen Tätigkeit ist das für mich ein Refugium, einfach Heimat.«

Es ist nicht die Dominanz eines Wirtschaftszweiges, sondern eine breite Streuung sehr diverser Unternehmen, die der Lüneburger Wirtschaft eine stabile Grundlage verschaffen. Neben Betrieben, die bereits seit Jahrhunderten in der Stadt ansässig sind, entstehen in den 1950er und 1960er Jahren Unternehmen vornehmlich in der Bekleidungs-, Holz- und Metallindustrie.

Der eingeschlagene Weg mündet seit den 1990er Jahren im postindustriellen Wirtschaftsgefüge, als sich neben traditionellen Handwerksbetrieben und Unternehmen im Nahrungsmittelbereich und der Bekleidungsindustrie Firmen der New Technology, Werbeagenturen, Medien- und E-Commerce niederlassen: Die Werum Software & Systems AG ist hier das größte Unternehmen der Informations- und Kommunikationstechnik. Von Bedeutung wird auch die Filmproduktionsgesellschaft »Traumfabrik Niedersachsen«, die seit 2006 die Telenovela »Rote Rosen« produziert, die der Stadt eine große Touristenschar zuführt.

Wege zum Wissen

Wer seinen Blick über die gegenwärtige städtisch-lüneburgische Bildungslandschaft schweifen lässt, entdeckt eine Vielfalt an Bildungseinrichtungen, die zahlreiche Wege zum Wissen begehbar machen. Dabei sind es nicht allein die allgemeinbildenden Schulen, die das Feld der Bildungsarbeit bestellen, doch zweifellos stehen sie an exponierter Stelle. Immerhin gibt es vier Gymnasien in der Stadt mit teilweise weit zurückreichenden Traditionen.

Ganz wesentliche Impulse des Wissens gelangen von der seit 1989 bestehenden Leuphana Universität in die Stadtgesellschaft. Der Campus wird in den neunziger Jahren auf dem Gelände der Scharnhorstkaserne eingerichtet, jetzt sind es Studenten statt Soldaten, nachdem die Bundeswehr diesen Standort aufgibt, jetzt tritt der freie Diskurs an die Stelle von Befehl und Gehorsam. Aus der kurz nach dem Zweiten Weltkrieg gegründeten Pädagogischen Hochschule hervorgegangen, wirkt die Leuphana belebend und dynamisch, einmischend, innovativ und stets in konstruktiver Absicht dahin, Fragen der Zeit aufzugreifen, im breiten Diskurs sich dem öffentlichen Interesse zuzuwenden.

Anfänge – Konkurrenzen hinter mittelalterlichen Klostermauern

Bereits kurz nach der Gründung des Benediktinerklosters St. Michaelis wird mit dem Mönch Erhard der erste »scholasticus« noch im ausgehenden 10. Jh. berufen. Ihm und all seinen Nachfolgern obliegt fortan die Leitung des klösterlichen Unterrichts; in dieser »schola interna« wird der geistliche Nachwuchs herangebildet, um später Karrieren in kirchlichen Diensten anzustreben. Mithin handelt es sich um einen engbegrenzten, exklusiven Kreis jener, die Bildung erfahren unter den Erfordernissen einer klösterlichen Einrichtung.

Ihre Nützlichkeit wird im Laufe der Zeit auch in Teilen der zunehmenden Einwohnerschaft Lüneburgs wahrgenommen. Und mit dem Aufstreben des Bürgertums wird eben auch das Verlangen größer nach zumindest elementaren Grundfertigkeiten im Lesen, Schreiben und Rechnen. Vordergründig kommen die regierenden Herzogsbrüder Otto und Wilhelm – Otto selbst in diesem Kloster erzogen – zu Beginn des 14. Jhs. diesem Interesse nach, als sie vor dem Kloster eine öffentliche »schola externa« einrichten, die auch Bürgerkindern zugänglich sein soll. Otto übergibt wenig später diese Schule in die Obhut des Klosters. Sein Bruder Wilhelm bestätigt die Schenkung urkundlich am 13. Januar 1353. Doch lässt die herzogliche Bestimmung, dass künftig von niemandem weitere Schulen in der Stadt errichtet werden dürfen, erahnen, dass die Schule zum Objekt auf der Schaubühne politischer Auseinandersetzungen geraten wird.

Es sind die Prämonstratenser in Heiligenthal, die das dem Michaeliskloster zugestandene Schulmonopol antasten, als deren Probst das Kloster in die Stadt verlegt und darin vom Rat der Stadt ermutigt wird. Ein geräumiges Grundstück kann vom Kloster erworben werden. Und so tragen die Mönche am 26. August 1382 in feierlicher Prozession die Reliquien, Besitzurkunden, Bücher und Kleinodien durch die Stadt zum Klosterhof. Es dauert nicht lange, bis sich hier eine stattliche Klosteranlage mit Kreuzgang, Friedhof und der dreischiffigen Andreaskirche erhebt. Und das Kloster eröffnet bald darauf eine öffentliche Partikularschule, findet hierin die Unterstützung des Rates, zieht aber umgehend den heftigen Zorn der Michaelismönche und des Herzogshauses auf sich.

Es entsteht ein lange währender Streit, in den der Verdener Bischof und selbst die päpstliche Kurie in Rom einbezogen werden. Der Papst gebietet, 1398 die Prämonstratenser-Schule zu schließen und abzubrechen. Im Jahr darauf werden Probst und Konvent vorübergehend exkommuniziert.

Geschicktes Taktieren – Der Rat und die »sunte Johannis schole«

Am 26. Januar 1402 trifft der Verdener Bischof die endgültige Entscheidung, die Schule der Prämonstratenser zu schließen. Der Rat der Stadt nutzt diese Situation, um die lange schon gehegten eigenen Schulpläne zu verwirklichen. Beide Klöster werden geplagt von argen Finanznöten. Und das Herzogshaus hat nicht nur Geldsorgen, sondern will auch verhindern, dass der von der römischen Kurie gefasste Plan, den Bischofssitz nach Lüneburg zu verlegen, verwirklicht wird. Und hierin haben Herzog und Stadtrat ein gemeinsames Interesse; man verständigt sich im April 1402 darauf, dass Stadt und Michaeliskloster den Schulstreit unter sich und unter Umgehung der päpstlichen Kurie aushandeln. Es sollte am 15. September 1406 zu einer Einigung kommen, die dem Schulmonopol von St. Michaelis ein Ende bereitet. Fortan kann die Stadt Schulen errichten, wie es dem Rat »bequem dünkt«, und so ist der 15. September die Geburtsstunde der »sunte Johannis schole«. Da kurz zuvor, am 21. Juli 1406, die Domherren zu Verden das Patronatsrecht über die Johanniskirche an den Rat von Lüneburg abgegeben haben, kann das Johanneum von Beginn an als erste städtische Schule gelten.

Zunächst im Hause des Ratsherrn von der Molen untergebracht, entsteht noch im 15. Jh. in unmittelbarer Nähe von St. Johannis ein stattliches Schulhaus, in dem der Unterricht alsbald ein weites Spektrum von Bildungsinhalten umfasst. Es geht nicht mehr nur um das Erlernen von Grundfertigkeiten oder um die gestaltende Teilhabe an den Gottesdiensten und den Gesang bei Beerdigungen. Vornehmste Aufgabe der Schule ist es, den gelehrten Nachwuchs im Sinne umfassender humanistischer Bildungsideale für Führungsaufgaben in Verwaltung und Rechtsprechung heranzubilden.

Es ist dann auch wenig überraschend, dass Stimmen im Rat der Stadt laut werden, in Lüneburg auch eine Universität einzurichten. Und tatsächlich erteilt Kaiser Friedrich dem städtischen Rat am 8. August 1471 die Befugnis, eine mit zwei oder drei Doktoren ausgestattete juristische Fakultät ins Leben zu rufen.

Doch außer dieser kaiserlichen Urkunde mit dem großen Majestätssiegel haben sich keinerlei fassbare Spuren der Umsetzung dieser Absicht erhalten. Dennoch wird der Plan offenkundig weiterverfolgt, äußert sich doch acht Jahre später auch Papst Sixtus IV. in dieser Sache und befindet, dass in Lüneburg auch weitere »facultates« als jene vom Kaiser zugestandenen gelesen werden könnten und darin die entsprechenden wissenschaftlichen Grade zu erwerben bis hin zu den »doctoris«.

Zäsuren – Bildung im Zeichen der Reformation

Der 1530 nach Lüneburg berufene, aus dem Schwäbischen stammende Hofprediger Urbanus Rhegius zögert nicht lange, als es darum geht, lutherischen Reformprojekten Geltung zu verschaffen. Der Rat der Hansestadt gibt seine anfängliche Abwehrhaltung auf und findet sich – ob erzwungen oder einsichtig – im Einklang mit Ernst dem Bekenner, dem Reformationsherzog. Und bereits kurz nach dem ersten lutherisch-evangelischen Gottesdienst in der St. Nicolaikirche vom 6. März 1530 legt Urbanus Rhegius am 9. Juni 1531 seine »Christlyke Ordenynghe van der Scholen und Kercken sacken der Stadt Luneborch« vor.

Diese Ordnung liefert ein schwungvoll vorgetragenes Plädoyer für ein anspruchsvolles Bildungsangebot in öffentlichen Schulen und spricht sich entschieden gegen jegliche Art von »Winkelschulen« aus, die mehr Schaden als Nutzen anrichten würden. Es sei auf alle Kinder, auch auf jene von armen Leuten, Acht zu geben und wo man unter diesen begabte und gelehrige finde, solle man sie aus der »Armenkiste« unterstützen. Latein, Rhetorik und Dialektik, aber auch mathematische, naturwissenschaftliche und philosophische Studien sollten feste Größen im Lehrplan einnehmen, damit die Zöglinge ihre Ausbildung an den Universitäten fortsetzen und auf den Reisen im europäischen Ausland ihren Bildungshorizont erweitern könnten.

Gemeinsam mit Urbanus Rhegius gelingt es einigen Patriziern, die enge Verbindungen nach Wittenberg pflegen, Hermann Tulich(ius) nach Lüneburg zu berufen. Tulich(ius) ist

»Die St. Johannis Schule«. Gouache von A. Leman, 1841. – Die kleine Zeichnung zeigt den 1829 fertiggestellten, von Stadtbaumeister Johann Anton David Spetzler entworfenen Neubau des Johanneums an der Nordseite der Johanniskirche.

eng mit Luther verbunden, lehrt an der Wittenberger Universität und wirkt fortan als Rektor an der Joahannisschule.

Er holt sich weitere Lehrmeister aus Wittenberg und anderswoher, alle überzeugte Lutheraner; unter ihnen seit 1532 der junge Lucas Lossius, der fortan das schulische Leben am Johanneum für ein halbes Jahrhundert prägend mitgestaltet.

BIOGRAFIE

LUCAS LOSSIUS

Lucas Lossius, am 18. Oktober 1508 in Vaake bei Reinhardshagen geboren, erlangt als Pädagoge in Lüneburg und als Verfasser zahlreicher Schriften einen hohen Bekanntheitsgrad: Selbst das dänische Königshaus wird auf ihn aufmerksam und will ihn an die Akademie nach Kopenhagen holen. Lossius aber lehnt ab und zieht es vor, Lehrer in Lüneburg zu bleiben.

Hier betritt er die Johannisschule erstmals 1527 und macht seinen Abschluss, um zwischen 1530 und 1532 in Wittenberg und Leipzig zu studieren, wo er mit Melanchthon und wohl auch mit Luther zusammentrifft. Empfehlungsschreiben der beiden Reformatoren verschaffen ihm eine Stelle als Sekretär bei Urbanus Rhegius, der die lutherische Reformation in Lüneburg zielstrebig vorantreibt. Ein Jahr später wird Lossius Lehrer, dann Konrektor am Johanneum und bleibt dies bis zu seinem Tod im Juli 1582.

Als Grundlage seines Unterrichts in den alten Sprachen und in den Artes liberales schafft Lossius eine verblüffende Bandbreite von Schriften.

Auch ist er verantwortlich für die musikalische Gestaltung der Gottesdienste und unterrichtet am Johanneum Musiktheorie. Mit seiner Tätigkeit als Kantor gibt er die »Psalmodia« heraus, ein Sammelwerk der Kirchenmusik, das als Unterrichtswerk für die Schule und als Gottesdienstbuch für die Lüneburger Kirchen gedacht ist, aber im gesamten norddeutschen Raum Verbreitung findet »und mit unglaublichem Frolocken angenommen worden« ist (Caspar Printz, 1690).

Mit der »Luneburga Saxoniae« verfasst Lossius ein bedeutsames Werk für die Lüneburger Lokalgeschichte.

»*Winkelschulen*« und Mädchenbildung

Unter Berufung auf Luther wendet sich Urbanus Rhegius, der Reformator Lüneburgs, mit aller Entschiedenheit gegen die privat betriebenen »Winkelschulen« und betont die Bedeutung der öffentlichen Schulen. Auch sollten die »tüchtigen« Lehrkräfte gefälligst anständig bezahlt werden, damit sie durch »Nahrungsnot« nicht in ihrer wichtigen Arbeit für das gemeine Wohl gehindert würden. Doch findet dieser eindringliche Appell weder bei der Stadtobrigkeit noch der Bürgerschaft den nötigen Widerhall. Lediglich eine öffentliche »deutsche Schule« wird mit einem Schreib- und Rechenmeister in der Papenstraße eingerichtet – doch wird sie nur mäßig besucht; in den Sommermonaten lernen hier allenfalls acht bis elf, im Winter nicht viel mehr als 20 junge Leute Lesen, Schreiben und Rechnen.

Also bestehen die »Winkelschulen« fort – und dies unter stillschweigender Duldung von Stadtobrigkeit, Geistlichkeit und Bürgerschaft. Es dürften in den Jahren um 1580 wohl mehr als 30 solcher »Lehranstalten« in der Stadt existieren, die von nicht weniger als 200 Kindern besucht werden – überwiegend aus Kreisen kleinbürgerlicher Verhältnisse. Und von diesen »Winkelschulen« ist bis weit ins 19. Jh. hinein die Rede. Sie bilden offenkundig ein stabiles Parallelsystem zum öffentlichen Schulwesen von erstaunlicher Dauerhaftigkeit.

Alle diese Schulen werden überwiegend von Jungen aufgesucht und so wird die Mahnung Luthers, auch den »Maidlein« täglich Unterricht zu erteilen, wohl vernommen, aber nicht mit der nötigen Ernsthaftigkeit aufgegriffen. Zwar fordert Urbanus Rhegius bereits in seiner Lüneburger Kirchen- und Schulordnung von 1531, »dat man vor de Junghen dochters edder medekens eyn beßunder tucht Schole helde, darynne se […] wol leren schryven und leßen und den Cathechismus vorstan« (»dass man für die jungen Töchter oder Mädchen eine besondere Zuchtschule halte, darin sie […] wohl schreiben und lesen lernen und den Katechismus verstehen«) – doch dabei bleibt es auf lange Zeit.

Unterricht für Mädchen wird jedoch wie schon in vorreformatorischen Zeiten in den Frauenklöstern – nunmehr evangelische Damenstifte – in der Umgebung Lüneburgs erteilt. Es sind vorwiegend die Töchter des Adels und des Patriziats, die den Klöstern anvertraut und in Sprachen, im Gesang, auch in praktischen Arbeiten, in der christlichen Lehre unterwiesen werden. Für manche Töchter aus bürgerlichen Häusern der Stadt mag die Niederlassung einer freien Schwesternschaft, der Beginen, in der Conventstraße eine Stätte der Bildung geworden sein, jedenfalls nehmen sich die Schwestern dieses »blauen Convents« der Mädchenbildung mit »Herz und Geist« an.

1816 kommt es immerhin zu einer Verbesserung auch in der Mädchenbildung. Es ist das mit Nachdruck vorgetragene Bemühen des Superintendenten Christoph Johann Rudolph Christiani, das den Magistrat bewegt, im Gebäude des Heiliggeisthospitals eine Bürgerschule und Freischule einzurichten, die auch Mädchen Zugänge zum Unterricht öffnen – hier liegen die Anfänge der späteren Volksschulen. Doch ist die Schule bald völlig überlaufen: 1.034 Mädchen und Jungen werden in lediglich acht Klassenräumen unterrichtet – Umstände, die dazu führen, dass vor allem die Töchter der Schule fernbleiben und erneut die privaten, immer noch »Winkelschulen« genannten Einrichtungen besuchen.

Entwicklungen und Traditionen

Johanneum und Michaelisgymnasium bleiben über lange Zeiträume die Schulen, denen Stadtherren und Geistlichkeit ihre Aufmerksamkeit schenken, die sie fördern und unterhalten. Auch wenn die aus klösterlichen Anfängen herrührende, durchaus ehrwürdige Michaelisschule heute nahezu vergessen ist, hat sie Zeiten des Aufblühens erlebt. Mit dem Aufenthalt des jungen Johann Sebastian Bach in den Jahren 1700 bis 1702 erlangt sie Berühmtheit. Im 19. Jh. aber gerät sie in eine tiefe Krise, als kaum noch Schüler sie besuchen. Nachdem sie in ihren letzten Jahren »In der Techt« nahe der Michaeliskirche eine allmählich verkümmernde Existenz durchlebt, wird sie 1819 auf Dauer geschlossen.

Anders ergeht es der Johannisschule. Auch sie erträgt krisenhafte Zeiten, muss bei grassierenden Pest- und sonstigen Epidemien bisweilen über Monate schließen, dient im Siebenjährigen Krieg und während der französischen Besetzung als Truppenunterkunft und Lazarett. Ist der erweiterte Altbau von 1581 den räumlichen Anforderungen schon nicht mehr gewachsen, so reicht bei steigenden Schülerzahlen auch der Neubau von 1829 schon wenige Jahrzehnte später nicht mehr: Ausgelagerte

Die Heiligengeistschule. Kolorierte Lithografie von Hermann Rühling, 1879. – Die Darstellung zeigt den 1869 vollendeten Neubau der Schule.

Klassen im Kaland, auch in ehemaligen Wohnungen der Schulmeister, führen zu einem stattlichen Neubau am Roten Wall. Am 2. November 1870 wird hier das Richtfest gefeiert, knapp zwei Jahre später ziehen Schüler und Lehrer vom alten zum neuen Schulgebäude. In der Aula zeigen mehr als 1.000 Bürger der Stadt ihre enge Verbundenheit mit dieser Stätte der Gelehrsamkeit, »durchdrungen von der Ueberzeugung, dass das zu Bildungszwecken angelegte Capital […] reiche Zinsen trage«.

Die Johannisschule ist seit ihren Anfängen eine Bildungseinrichtung »hauptsächlich solcher Zöglinge […], welche die Universität besuchen sollen«. Und so finden denn die von altersher stammenden Leitmotive auch am Neubau von 1870 und dem jüngsten von 1978 inschriftlich ihren Platz an den Fassaden: »Doctrinae – Virtuti – Humanitati«.

Neben Schulen und Universitäten bietet auch das Reisen Wege zum Wissen. Neben Frantz Witzendorff beschreiten zahlreiche Söhne der Patrizier diese Wege. Sie führen zu einer Bildung mit weitem Horizont, die nicht allein von »Schulweisheit« aufgefüllt ist, sondern von den Stätten der europäischen Gelehrsamkeit Anregungen aufgreifen, von denen dann auch die Gestaltung der städtischen Verhältnisse Lüneburgs, ihre Ordnung und »Regierung« nachhaltige Impulse empfangen.

BIOGRAFIE

REISEN BILDET!

Frantz Witzendorff, der am 14. April 1578 in eine der einflussreichsten Patrizierfamilien geboren wird, besucht bis 1594 die Johannisschule, die ihm »einen guten Grund seines Studirens geleget«, um sodann auf die »Universitet Franckfurt an der Oder abgeschicket« zu werden. Drei Jahre später studiert er in Jena, hört hier wie dort Vorlesungen der »fürnehmsten Professores« und geht auf Anraten seines Vaters 1599 in steter Begleitung seines Hauslehrers zunächst nach Straßburg, ein Jahr später nach Paris und Orléans, besucht die dortigen Universitäten und macht an allen Orten die Bekanntschaft mit den »gelährtesten Männern«. 1601 reist er auf dem Weg nach Italien weiter durch Frankreich, durch Burgund und die Schweiz. In Pisa verbringt er den Winter, um sodann durch die Toskana, wo er »allerhand Antiquiteten observiret«, nach Rom und Neapel zu gelangen. Von dort reist er über Venedig zurück und erreicht Ende 1602 schließlich Lüneburg. Hier führt ihn sein Vater in die »Salznahrung« ein, und Frantz Witzendorff durchläuft die Karrierestufen der patrizischen Elite, wird 1631 Bürgermeister und bleibt dies bis zu seinem Tod am 4. August 1641.

Ritterschaftliche Akademie statt klösterlicher Spiritualität

Mit dem herzoglich bestätigten Vergleich vom 7. Januar 1656 nimmt das Bildungsleben in den Gemäuern des aufgehobenen Michaelisklosters eine neue Richtung: Hier entsteht jetzt mit der »Ritterschule« ein Erziehungsinstitut für die heranwachsende Generation des landsässigen Adels im Fürstentum Lüneburg.

Neben Philosophie und Theologie, Ethik, Politik und Geschichte, Sprachen und Naturwissenschaften bestimmen adelig-lebensweltliche Bezüge die Inhalte des Lehrplans: Hier nehmen das Reiten, Tanzen und Fechten, Disziplin und die Vermittlung von Umgangsformen »in der Gesellschaft« einen herausragenden Platz ein. Die jungen Adelssöhne erhalten hier eine standesbezogene Ausbildung – und sie entstammen nicht allein dem Fürstentum Lüneburg, sondern kommen auch aus ferneren Gegenden an die »Academia equestris«, wie sie anspruchsvoll als »Ritterakademie« seit 1729 bezeichnet wird.

Zeichnung der Lüneburger Ritterakademie in Gebhardis »Collectanea« 1795. – Die Zeichnung stammt von dem Lüneburger Historiker Ludwig Albrecht Gebhardi, der in seinen »Collectanea. Auszüge und Abschriften von Urkunden und Abschriften, welche das Fürstentum Lüneburg betreffen« in den Jahren 1762–1798 einen umfassenden Quellenfundus angelegt hat.

Sie überdauert nahezu zwei Jahrhunderte, erlebt verschiedene Reformen vor allem gegen Ende des 18. Jhs., als Friedrich Ernst von Bülow die Aufsicht als Landschaftsdirektor im aufgeklärten Sinne führt. Nach der Jahrhundertwende aber bleiben die ritterlichen Zöglinge zusehends aus. 1850 wird die Akademie geschlossen; ihre Räume werden danach bis 1914 von einem Lehrerseminar für die angehenden Pädagogen genutzt.

Neue Dynamik: Bildungsoffensive im 19. Jahrhundert

Es sind dynamische Kräfte, die im Verlauf des 19. Jhs. das Bildungswesen beflügeln. Jetzt werden Wege zum Wissen nötig, die nicht mehr nur von einer privilegierten Schicht begangen werden. Am Johanneum richtet Wilhelm Volger einen »Realienzweig« ein für solche Schüler, deren Berufswünsche keine »gelehrten Kenntnisse« erfordern. Später wird daraus das Realgymnasium. Aus ehemaligen, noch in Zeiten des vormärzlichen Pauperismus entstehenden Industrieschulen werden Konzepte für Gewerbeschulen abgeleitet, die bis heute als berufsbildende

Schulen eine Professionalisierung der Ausbildung bewirken. Lüneburger Kaufleute, Händler und auch Handwerker setzen Impulse zur Gründung einer Handelsschule, die 1846 entsteht.

Aus der Bürgerschule des Superintendenten Christiani erwächst die städtische Mittelschule, die 1856 das ehemalige Patrizierhaus derer von Dassel An der Münze bezieht. Dieses Gebäudeensemble beherbergt gegen Ende des 19. Jhs. die Musikschule, während die Mittelschule 1891 einen großzügigen Neubau am Graalwall, 1962 am Kreideberg – nunmehr Christiani-Schule – bezieht. Die von Christiani eingerichtete Freischule im Heiliggeisthospital bringt im weiteren Verlauf die Volksschulen hervor.

Zu dieser Zeit rückt auch endlich die Mädchenbildung ins Blickfeld des Interesses. Es ist dem Theologen Carl Oltrogge zu verdanken, der 1831 mit beharrlichem Engagement eine zunächst vierklassige private höhere Mädchenschule gegen nicht wenige Kritiker einrichtet. Er selbst leitet sie nahezu ein halbes Jahrhundert lang, und sie nimmt einen bemerkenswerten Aufschwung. 1875 gelangt sie in städtische Obhut, bezieht jenes Gebäude an der Nordseite der St. Johanniskirche, das schon dem Johanneum lange als Bildungsstätte gedient hat. Die Mädchenschule bleibt nachgefragt, 1908 entsteht im neogotisch-historistischen Stil ein repräsentativer Neubau im Roten Feld – ein Gebäude, das ein wenig so wirkt wie die Hogwarts-Schule des Magiers Harry Potter und seines Meisters Dumbledore. Heute ist es die Wilhelm-Raabe-Schule.

So setzt das 19. Jh. Wege zum Wissen in bis dahin nicht gekannter Differenzierung und Dynamik frei, und sie tragen in ihren sich rasch ausweitenden Verzweigungen Potenziale in sich, die mit großer Nachhaltigkeit durch das 20. Jh. hindurch fortwähren. Unterbrochen zwar von den beiden Weltkriegen, von extrem nationalistischen Strömungen, von der Überheblichkeit einer geradezu verblendeten, ja mörderischen Ideologie des Nationalsozialismus werden nach dem Zweiten Weltkrieg und nach dem Programm der Re-Education durch die britische Militärregierung jene Ansätze wiederbelebt, die in den 1920er Jahren als Reformpädagogik von sich reden machen und die Diversität in den Wegen zum Wissen unserer Zeit begründen.

Kirchen, Klöster und Stiftungen

Kirchen sind Gotteshäuser, Hüterinnen von Kunstschätzen, Orte der Liturgie und der Frömmigkeit, Versammlungsorte der Gemeinde, aber auch Orte des Alltags. Sie können Erinnerungsorte für die wichtigen Zäsuren im Leben sein: Geburt, Heirat, Tod bzw. Taufe, Trauung, Beerdigung. Mit ihnen verbinden sich Momente großen Glücks, aber auch tiefer Traurigkeit. Wenn ihre Mauern erzählen könnten, würde sich eine Stadtgeschichte der ganz eigenen Art ausbreiten und vom Glauben, aber auch von den Zweifeln und der Verzweiflung der Lüneburger erzählen. Kirchen sind voller Zeichen und Symbole, die gelesen und verstanden werden wollen. Sie finden sich auf Altären, Kanzeln, Taufen und Orgeln, die oft die prägenden Elemente im Kirchenraum bilden. Hier spiegelt sich noch bis ins 19. Jh. die soziale Ordnung wider; nicht selten sind Kirchen mit ihren oftmals in unmittelbarer Nähe liegenden »Gottesackern« Schauplätze von Handel und Wandel, aber auch Statusbezeugung und allen damit in Verbindung stehenden Konflikten.

Auf alten Stadtansichten Lüneburgs ragen die Kirchtürme hervor. Vor allem die heute noch erhaltenen drei mittelalterlichen Stadtkirchen – St. Johannis, St. Michaelis und St. Nicolai – bilden eindrucksvolle Bauwerke, deren Architektur von großer Kenntnis und Kunstfertigkeit der Baumeister ihrer Zeit zeugt. Die Altartafeln mit den Stadtansichten von Hans Bornemann aus den Jahren 1444 bis 1447, die ursprünglich zum Altar des mitten in der Stadt gelegenen Klosters Heiligenthal sowie jenem in der Lambertikirche gehören, sind nicht nur die ältesten Stadtansichten Lüneburgs, sondern die frühesten nördlich der Alpen überhaupt: »Das ist revolutionär«, so jedenfalls lautet die Einschätzung einer Kunsthistorikerin, die die Einzigartigkeit dieser Stadtansichten auf den Altarbildern hervorhebt.

St. Johannis – Ratskirche unter dem Patronat der Stadt

St. Johannis ist die älteste Kirche in Lüneburg. Sie geht zurück auf eine Taufkirche, die schon im 9. Jh. genannt wird und damit als eine der ältesten Kirchen zwischen Weser und Elbe gelten kann. Ihr Schutzpatron ist Johannes der Täufer. Sie bildet das Zentrum der kleinen Siedlung Modestorpe an der Ilmenau, die zu der Zeit zum Stift Verden gehört. Später wächst sie mit den beiden anderen Siedlungen am Fuße des Kalkberges und um die Saline zusammen und bildet den Kern Lüneburgs. In den 1270er Jahren beginnt der Bau der zunächst drei-, später fünfschiffigen Hallenkirche mit ihrem nahezu quadratischen Grundriss; sie wird zum Vorbild für viele Hallenkirchen in Norddeutschland. Der Verdener Bischof Konrad, der den Bau initiiert, plant, St. Johannis zur Kathedrale zu erheben, doch dies gelingt ihm trotz der Bestätigung durch Papst Bonifaz IX. nicht. Stattdessen schafft es der Rat 1406 – selbstbewusst durch den Sieg über den Landesherrn in der St. Ursulanacht 1371 – das Patronatsrecht über die Kirche zu erlangen. Wohlhabende Bürger stiften der Johanniskirche durch die Jahrhunderte immer wieder Ausstattungsstücke, wohl auch, um sich und ihren Familien eine dauerhafte Erinnerung in dieser Kirche zu schaffen.

St. Michaelis – Klosterkirche, Garnisonskirche, Gemeindekirche

Als der sächsische Herzog Hermann Billung um die Mitte des 10. Jhs. auf dem Kalkberg eine Burg bauen lässt, darf ein Kloster nicht fehlen, denn die geistliche Herrschaft und Nähe bildet im Mittelalter die Garantie für die Legitimation und Absicherung von weltlicher Herrschaft. Und so kommt es auch, dass das Michaeliskloster von Beginn an von den Reichsoberhäuptern mit der Übertragung von Gütern, Zöllen und Abgaben reich bedacht wird. 1055 wird die Klosterkirche geweiht und dient fortan als Grablege für das Herrschergeschlecht, zunächst der Billunger, später der Welfen. Der Zerstörung der

Burg fällt auch das Kloster zum Opfer, doch gerade mal fünf Jahre später wird am Fuße des Kalkbergs der Grundstein für den Neubau nach dem Vorbild des Verdener Doms gelegt und der Klosterbetrieb fortgesetzt. Der Bau dauert über 40 Jahre, erst 1418 wird die Kirche eingeweiht. Pflegen die Äbte von St. Michaelis zunächst enge Kontakte zur Landesherrschaft, so rücken sie nun auch enger an die Stadt und ihre Institutionen, zu denen auch die Saline gehört, an der das Kloster bedeutende Anteile besitzt. Die Mitglieder des Konvents kommen aus dem ritterschaftlichen Adel Lüneburgs, aber auch aus dem städtischen Patriziat. Neben dem Abt und dem Prior wirken hier ein »caritator«, der die Einkünfte und Güter aus den Stiftungen zum Totengedächtnis verwaltet, ein »scholasticus« und Anfang des 15. Jhs. sogar ein Klosterbademeister. Das Kloster verfügt über erheblichen Grundbesitz sowie Wirtschaftshöfe in der Stadt und in der näheren Umgebung, betreibt mehrere Mühlen, ein Hospital und eine Klosterschule.

Heute zeigt sich die Michaeliskirche in der Gestaltung des 18. Jhs.; die Klostergebäude sind nicht mehr vorhanden. In den Jahren 1782 bis 1784 veranlasst der Landschaftsdirektor Friedrich Ernst von Bülow eine tiefgreifende Umgestaltung des Kirchenraums. Einige Ausstattungsstücke werden verkauft, andere gelangen in ein eigens dafür eingerichtetes Museum, das Museum der Ritterakademie. Dies ist eines der ersten öffentlichen Museen in Deutschland und bildet später den Grundstock des Museums für das Fürstentum Lüneburg, heute Museum Lüneburg. Das wertvollste Stück der Kirche ist die Goldene Tafel, ein Wandelaltar mit einer goldenen, von Edelsteinen eingefassten Reliefplatte mit Szenen aus dem Leben Jesu und Mariens sowie 88 Reliquiengefäßen aus Gold, Silber und Elfenbein. 1698 stiehlt Nickel List den Kirchenschatz und geht mit diesem spektakulären Raub in die Geschichte ein.

Zwischen 1795 und 1945 ist St. Michaelis auch Garnisonskirche. Drei Gedenktafeln an der Nordwand der Turmhalle sind für Soldaten angebracht, die im Krieg von 1870/71, dem Herero-Aufstand von 1904/05 und im Ersten Weltkrieg sterben. So ist die Kirche denn auch ein Erinnerungsort mit einer Botschaft, in der es heißt: »Wurden die Tafeln Ende des 19.

Innenansicht der St. Michaeliskirche. Gemälde von Joachim Burmester, um 1700.

und Anfang des 20. Jhs. mit patriotischem Tenor und mit – mindestens bei den Tafeln von 1870/71 und 1904/05 – kriegsverharmlosender Haltung aufgehängt, so dienen sie uns heute der Erinnerung, der Erinnerung der genannten und nicht genannten Opfer des grausamen Tötens und Sterbens auf allen Seiten und der Erinnerung, dass wir uns friedlich dafür einsetzen wollen, dass es kein Töten und Morden mehr gibt.«

St. Nicolai – Kirchenbau der Spätgotik

Die jüngste der mittelalterlichen Sakralbauten ist St. Nicolai, zunächst eine Kapelle und nach der Reformation Pfarrkirche. Die dreischiffige Basilika wird in drei Bauabschnitten in der ersten Hälfte des 15. Jhs. gebaut. Ihr Vorbild ist die Lübecker Marienkirche. Ihr Markenzeichen sind die hohen, steilen Raumproportionen und die Sterngewölbe im Mittel- und in den Seitenschiffen. Diese für die Kirchenbauten der Spätgotik typischen Elemente finden sich auch im Ostseeraum und auf dem Gebiet des Deutschen Ordens. Im Gegensatz zu St. Johannis und St. Michaelis, die auf Initiative der Bischöfe von Verden zurückgehen, ist die Nicolaikirche das erste größere Kirchenbauprojekt der Stadt, zugleich ein Zeichen für das gewachsene Selbstbewusstsein und Selbstverständnis der Stadt seit 1371.

St. Lamberti – Kirche der Sülfmeister und Salinenarbeiter

Von der Lambertikirche, 1269 erstmals erwähnt, sind nur wenige schriftliche Überlieferungen vorhanden, dafür umso mehr archäologische Funde. Die Lambertikirche steht unter dem Patronat der Sülfmeister, sie ist auch die Kirche der Salinenarbeiter. Doch das Salz wird ihr zum Verhängnis. An der Abrisskante zum Senkungsgebiet der Saline gelegen, hält sie dem unsicheren Boden nicht stand. Der Turm macht dem Gebäude zu schaffen und ein Übriges tun die zahlreichen Bestattungen im Boden der Kirche. Schon im 15. Jh. werden Bauschäden sichtbar. 1829 wird das Glockenläuten eingestellt, man schlägt fortan nur noch vorsichtig mit dem Klöppel an die Glocken und vermeidet damit, sie zum Schwingen zu bringen. Am Ende folgt der Entschluss, sie abzureißen, um den drohenden Einsturz zu verhindern. 1860/61 wird die Kirche »niedergelegt«, ihre Ausstattung geborgen und verteilt. Nicht alles verbleibt in sakralen Gebäuden – auch der Besitzer der Eisengießerei und Hotelier Wellenkamp sichert sich ein schönes Stück. Ein Sandsteinrelief von 1525 ist bis heute in der Gartenmauer seines Hauses an der Kalandstraße sichtbar. Etliche Stücke haben im Museum Lüneburg einen sicheren Platz gefunden, so eine Kanzel aus Lindenholz, ein Gemälde mit einem Auferstehungsmotiv und die zahlreichen archäologischen Funde.

Stiftungen »ad pias causas«

Vor der Reformation sind die Kirchen noch Wandelkirchen ohne Gestühl, dafür mit zahlreichen Nebenaltären – in St. Johannis sind es über 30, in St. Nicolai 22. Die Altäre, Emporen, Kanzeln, Taufen und Orgeln, die Kirchenfenster, aber auch das liturgische Gerät und weitere Ausstattungsgegenstände gehen vielfach zurück auf Stiftungen von wohlhabenden Bürgern, die diese »ad pias causas« an die Kirchen geben. Ad pias causas – das heißt übersetzt »zu frommen Zwecken«. Fromm sein, Frömmigkeit, welche Bedeutung haben diese Worte heute?

Eine Stiftung ad pias causas, eine Stiftung zu frommen Zwecken, verfolgt in erster Linie das Ziel, etwas für Andere zu tun, für Personen, die nicht in der Lage sind, sich selbst zu helfen oder für Institutionen, die aus eigener Kraft bestimmte Leistungen nicht erbringen können. In Lüneburg gibt es in Mittelalter und Neuzeit wohlhabende Bürger mit einer Haltung, die einerseits von Frömmigkeit, andererseits aber auch von einem humanistischen Geist durchdrungen ist. Für die Lüneburger Patrizier sind Tugenden wie »Tüchtigkeit, Weisheit, Lauterkeit [...], Freigebigkeit« von Bedeutung. Dieser Geist existiert in den Stiftungen bis heute. Sie gehören seit Jahrhunderten zu Lüneburg; hier existiert die älteste noch ak-

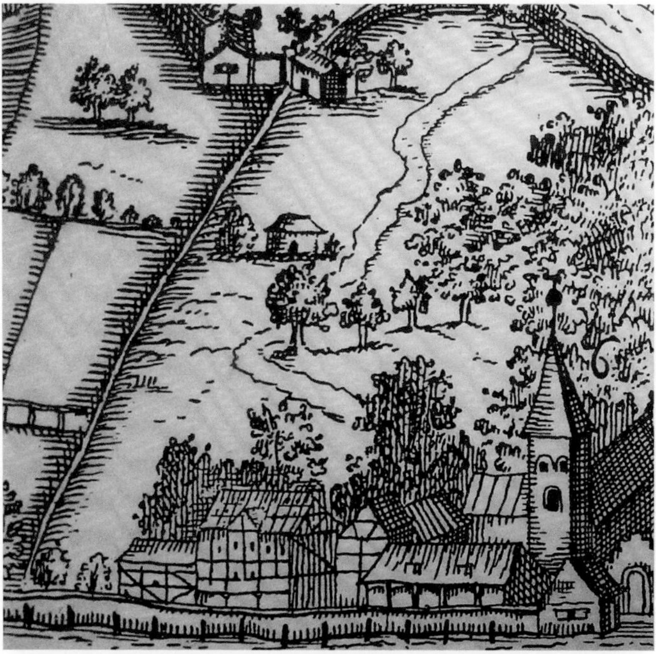

Der Nikolaihof in Bardowick. Nach einem Stich von Daniel Frese, 1588. – Der Hof gehört der Stadt Lüneburg, die hier ihre Lepra- und Pestkranken außerhalb der Stadtmauern unterbringt. Im 15. Jh. bevölkern ca. 80 Menschen den Hof. Die Anlage wird noch heute in ihrer ursprünglichen Funktion genutzt und steht Bedürftigen zur Verfügung.

tive Stiftung Niedersachsens, der Lüneburger Hospitalfonds Sankt Benedikt – 1172 gegründet im Zusammenhang mit dem Benediktinerkloster St. Michaelis. Zweck der Stiftung war es, bedürftigen alten Frauen, genannt Prövnern, Wohnraum und Betreuung zu bieten. Das Hospital zum Großen Heiligen Geist ist 1277 erstmals erwähnt, seine Gründung hängt eng zusammen mit der Saline, denn es bietet einige Freiplätze für die Sülfknechte, die Salinenarbeiter. Und schließlich – vor den Toren der Stadt – ist da noch das Hospital St. Nikolaihof in Bardowick, das 1251 erstmals erwähnt wird und als Hospital für Leprakranke dient.

Was hat die Menschen seit dem frühen Mittelalter zum Stiften veranlasst? In der altkirchlichen Glaubenswelt gibt es Himmel, Hölle und Fegefeuer. Die armen Seelen leiden im Fegefeuer so lange, bis sie erlöst werden. Das Besondere ist: Man kann etwas für sie tun, Dauer und Intensität des Aufenthalts im Fegefeuer lassen sich durch Gebete, Fürsprachen und Messen beeinflussen – und zwar schon vor dem eigenen Tod und danach durch Vermittler. Ob dieses sehr komplexe Heilssystem von der breiten Bevölkerung überhaupt verstanden wird, ist schwer zu beurteilen. Sicher ist aber eines: Jeder weiß, dass es dem Seelenheil förderlich ist, Gutes zu tun. Und allen ist klar, dass man seinen Sinn besser zum Himmel als zur Erde wendet.

Mit einer Stiftung tut man etwas Gutes für die Bedürftigen und sichert sich gleichzeitig den »Schatz im Himmel«. Die Kirche, welche auch die Armenfürsorge zu ihren Aufgaben zählt, versteht sich als treuhänderische Empfängerin der Legate. Für die Kultur des Mittelalters wird dann entscheidend, dass dieses »Seelgerät« nicht auf das Sozialwesen beschränkt bleibt. Vielmehr erstreckt es sich bald auch auf die Förderung von Kultus, Kirchenbauten und Kircheninventar. Es geht also nicht mehr allein um das leibliche Wohl der Armen, sondern auch um das psychische, denn der »Tempelschmuck«, die Kunstwerke in den Kirchen, seien geeignet, so argumentieren die Kirchenvertreter gegenüber ihren Kritikern, die Gemüter der Armen zur Frömmigkeit zu bewegen.

Durch die Reformation sieht sich das mittelalterliche Stiftungswesen mit einer entscheidenden Wende konfrontiert. Luthers Auffassung vom Tod bringt eine gänzlich neue Sichtweise. Für die Gläubigen wird die Welt nun sehr komplex. Der evangelischen Lehre zufolge existieren nur noch Himmel und Hölle als Stätten des ewigen Lebens. Seelenmessen und Totengebete werden damit funktionslos, Stiftungen und Legate sind keine Versicherung mehr für das Seelenheil. Die Kirche ist nicht in der Lage, einem Christen eine Garantie für ein ewiges Leben im Himmel zu geben, der nicht selber das Notwendige dafür getan hat.

KLOSTER LÜNE – EIN KLEINOD MIT GROßER GESCHICHTE AM RANDE DER STADT

In beschaulicher Ruhe liegt das Kloster Lüne mit seiner fast komplett erhaltenen spätmittelalterlichen Klosteranlage im Stil norddeutscher Backsteingotik im Norden der Stadt. Es ist ein lebendiger Ort – und zwar durchgängig seit 850 Jahren! Das Benediktinerinnenkloster zieht im Mittelalter die Töchter des Adels und der Lüneburger Patrizierfamilien an, die hier eine klösterliche Erziehung und Bildung vermittelt bekommen. Schon Ende des 13. Jhs. muss der Bischof die Anzahl der Nonnen auf 80 begrenzen, denn der Zulauf ist enorm. 1372 brennt das Kloster bis auf die Grundmauern nieder, doch schon innerhalb kurzer Zeit wird es wieder aufgebaut und erhält eine künstlerische Ausstattung, die ihresgleichen sucht: Buntglasfenster im Kreuzgang, beeindruckende Wandmalereien, Weißstickereien aus Leinen, die als Altar- und Fastentücher genutzt werden und wertvolle Bildteppiche.

Lange sträuben sich die Nonnen gegen die Reformation, denn sie haben sich schon der aus den Niederlanden kommenden religiösen Erneuerungsbewegung, der Devotio moderna, geöffnet und ihre Statuten entsprechend aufgestellt. Die Nonnen rebellieren und stören den Gottesdienst des vom Landesherrn eingesetzten evangelischen Pastors. Erst die Vision einer jungen Novizin – so lautet die Überlieferung – bringt die Äbtissin und den Konvent dazu, die evangelische Religion anzunehmen und fortan als evangelisches Damenstift zu existieren.

Den Bildungsstand der Nonnen und ihre Vernetzung bezeugen die Briefe, die sie schreiben. Sie sind dokumentiert in den Briefbüchern, die aus der Zeit zwischen 1460 und 1555 überliefert sind. Die darin erfassten gut 1.800 Briefe der Nonnen, die in lateinisch, mittelniederdeutsch und lateinisch-mittelniederdeutsch geschrieben sind, sind ein ganz besonderer Quellenfundus, der in der internationalen Forschung sehr viel Aufmerksamkeit erfährt. Sie gehören zu den seltenen spätmittelalterlichen Texten von Frauen und geben Aufschluss über die Kommunikationspraxis, aber auch den Alltag und die wirtschaftlichen Zusammenhänge des Klosters, das als Grundherrschaft und zugleich einer der größten Anteilseigner an der Saline über beträchtliche natürliche und finanzielle Ressourcen verfügt.

Kirche heute – ein Ausblick

Ein lebendiges kirchliches und religiöses Leben prägt auch heute noch die Stadt. Mit der wachsenden Bevölkerung und der Zuwanderung von Menschen mit sehr heterogenen religiösen Hintergründen entsteht eine Vielfalt der Religionsgemeinschaften. Über 20 Kirchen, Kapellen und religiöse Räume gibt es inzwischen in der Stadt und viele von ihnen sind jüngeren Datums: so etwa die Paul-Gerhardt-Kirche, die 1963 für die Soldatenfamilien in den benachbarten Kasernen gebaut wird, die Christuskirche der Evangelisch-Reformierten Gemeinde (1964), die Friedenskirche der Evangelisch-Freikirchlichen Gemeinde (1980) oder die Pauluskirche, deren besondere Architektur beeindruckt. Die 1971 eingeweihte Kirche steht auf einem kreisrunden Fundament und trägt das erste Stahlseil-Dach Europas.

Ein besonderer Ort ist auch das Gotteshaus der Muslime in Lüneburg, die Moschee »Merkez Camii«, die die Türkisch-Islamische Gemeinde schon 1998 in einem Wohnhaus einrichtet. Zum jährlich stattfindenden Tag der Offenen Moschee kommen viele Interessierte und daneben auch Schulklassen und Konfirmandengruppen. Ein offener Dialog prägt inzwischen das religiöse Miteinander in der Stadt. Zählt diese Offenheit auch zu den Charakteristika der Stadt? Einiges spricht dafür – die Geschichte Lüneburgs als Bürger- und Hansestadt mit einem weiten Horizont, das Bewusstsein für das kulturelle Erbe mit den drei mittelalterlichen Kirchen im Zentrum der Stadt, das bürgerschaftliche Engagement und auch die Leuphana Universität mit ihrer Ausstrahlung auf die Stadtgesellschaft tragen dazu bei, den Dialog zwischen den unterschiedlichen Gruppen von Menschen und Religionsgemeinschaften zu fördern.

Kultur und Geselligkeit

Im gemeinsamen Interesse an Kultur und Geselligkeit finden die Menschen in der Stadt bei allen Unterschieden ein sie verbindendes Scharnier – sei es aus Gründen des reinen Vergnügens, eines wissbegierigen Bildungsstrebens oder eines schlicht standesgemäßen Distinktionsgebarens.

Theatralische Anfänge im klösterlichen Milieu

So existiert mit dem Kloster St. Michaelis in den Jahren um 1500 ein bedeutsames geistliches Zentrum, das der monastischen Strenge die Freude an schöngeistigen Dingen zur Seite stellt. Kein Geringerer als der Abt Boldewin von Marenholz, der in Italien studiert und dort zweifellos dem Komödienspiel begegnet, bringt das »Theater« in den Gemäuern des Michaelisklosters zur Entfaltung.

Er lässt Mönche und Zöglinge Werke des römisch-antiken Komödiendichters Terenz zur Aufführung bringen. Es ist gewiss nicht übertrieben, dass sich hier eine Variante von »Hoftheater« entwickelt. Der gebildete Abt versteht es, die Klaviaturen des höfischen Zeremoniells zu bedienen: So nutzt er im Februar 1520 die Gelegenheit, als Herzog Heinrich der Mittlere, der mit seinem Sohn Ernst, dem späteren »Bekenner«, Lüneburg aufsucht: Der Abt begibt sich mit seiner Spielerschar ins »hertogen husz«, um dem prominenten Publikum eine Terenz-Komödie darzubieten. Und so gelingt ihm am Vorabend der anstürmenden Reformation die schwierige Balance, sich weltlichen Einflüssen zu öffnen und doch die Glaubensgrundsätze der alten Kirche zu verteidigen.

Die städtischen Obrigkeiten nehmen die kulturellen Ambitionen in St. Michaelis mit der ihnen eigenen Distanz zur Kenntnis, gleichwohl darum bemüht, den Mönchen nachzueifern. Mit der Errichtung der Johannisschule bilden sich ein

HINTERGRUND

DER SCHÜTTING UND SEINE VIELSEITIGE NUTZUNG

Die wachsende Hanse bringt mehr und mehr Kaufleute aus entfernten Regionen des Bundes in die Handelszentren. So auch nach Lüneburg und sie wollen gebührend untergebracht werden. Aus diesem Grund entstehen in vielen Hansestädten Gilde- und Kosthäuser für die Kaufmannschaft.
Im Laufe der Zeit entwickelt sich für diese Häuser die Bezeichnung »Schütting«, wahrscheinlich als Ableitung aus dem norwegischen »Skotting«. Hier finden die reisenden Fernhändler warme Mahlzeiten und beheizte Räume.
Wie in Bremen und anderen Hansestädten steht auch der Lüneburger Schütting in der Nähe des Rathauses am Markt. So findet die Kooperation zwischen Politik und Handel, zwischen Macht und Geld auch in dieser räumlichen Nähe ihren Ausdruck und aus diesem Grund erwirbt der Rat der Hansestadt Lüneburg 1466 das Bürgerhaus an der Bardowicker Straße auf der gegenüberliegenden Seite am Marktplatz. Außer zu seiner eigentlichen Bestimmung werden die großzügigen Räumlichkeiten des Gebäudes auch anderweitig genutzt: Hier werden offizielle Gäste der Stadt untergebracht und bewirtet, hier feiern die Sülfmeister ihre Feste und die »Kope«. Und auch Rat und Bürgermeister finden hier zu geselligen Feiern zusammen, Gilden der Kaufleute und Handwerker halten Versammlungen in diesen Räumen ab. Und nicht selten bietet der Schütting den Schauspielern eine angemessene Bühne ihrer unterhaltsamen und bildenden Kunst.

Knabenchor und eine Spielerschar, die zu den Osterfeiern Passionsspiele einstudieren und Teil der Gottesdienste werden lassen. Seit der Mitte des 16. Jhs. wenden sich die Patrizier dem theatralischen Geschehen zu und nutzen es zur repräsentativen Aufwertung als Beigabe zum Kopefest.

Wandernde Komödianten erobern die Bühnen

Mit dem 17. Jh. gelangen immer wieder wandernde Komödiantengruppen in die Stadt. Sie kommen von überallher, nutzen auf ihren Wegen durch Mittel-, Nord- und Süddeutschland die Hansestadt als Station, um auch hier ihre Schauspielkünste zu zeigen. Neben englischen Komödianten agieren französische und italienische Theatergruppen, neben ernsthaften Schauspielern treten in marktschreierischer Manier Possenreißer in den Gassen auf. Gespielt wird an ganz unterschiedlichen Stätten, häufig »auff dem Schutten«, dem Schütting also, doch so unterschiedlich die »Companien«, so zahlreich die Bühnen.

Die Lüneburger begegnen diesen farbenfrohen Darbietungen mit Aufgeschlossenheit und distanzierter Neugier; einige der Ratsherren machen sich zu ihren Fürsprechern, andere lehnen sie lautstark ab. So sieht 1689 der Superintendent Dr. Johann Wilhelm Petersen seine »Sehle tief betrübet«, nachdem der Magistrat einer »Gesellschaft hochteutscher Comoedianten« eine Spielerlaubnis erteilt. Er spricht von »Possen und Rencken« auf Straßen und Gassen, »die schnurstracks gegen das Christentumb« gerichtet seien, und nutzt die Kanzel für eine grimmige Predigt. Dabei scheut er sich nicht, denen, die sich in »des Teuffels Capelle« begeben, den kirchlichen Segen zu verweigern. Unter diesen befinden sich auch der Syndikus Tobias Reimers und dessen Ehefrau, die oft und gerne den zahlreichen Komödianten die Aufwartung machen. Im Einklang mit zahlreichen Bürgern bereiten sie dem eifernden Gebaren des Geistlichen ein Ende: 1692 wird dieser vom Celler Konsistorium seines Amtes enthoben.

Neue Maßstäbe auf alten Bühnen

Inzwischen wendet sich auch die fürstliche Landesherrschaft den reisenden Kulturschaffenden zu. Das Welfenhaus beobachtet die Schauspielerei am Hof zwar mit Wohlgefallen, richtet jedoch argwöhnische Blicke auf das Schauspiel-Geschehen in Lüneburg. Zwar hat die Hansestadt spätestens seit 1639 ihre politische Autonomie weitgehend einbüßen müssen, doch hat sie sich die Kulturhoheit noch als kostbare Domäne bewahren können. Das wird den Geheimen Räten zu Hannover zum Dorn im Auge: Sie lassen kurz vor Weihnachten 1718 mitteilen, dass fortan die Erteilung von Konzessionen allein in ihren Händen liege.

Doch bleibt die Stadt von großer Attraktivität für die durch die Lande ziehenden Schauspielgruppen. Die Maßstäbe der Schauspielkunst werden jetzt ganz wesentlich von Ideen des Johann Christoph Gottsched gesetzt, der seit 1714 an der Universität Königsberg mit den frühaufklärerischen Werken Gottfried Wilhelm Leibniz' in Berührung kommt. In Leipzig trifft er Johann und Friederike Caroline Neuber – Theaterleute, die 1727 in Dresden eine eigene Gesellschaft gründen. Sie bringen anspruchsvolle Werke von Racine, Corneille, Voltaire auf die Bühnen und gelangen im Juni 1732 auch nach Lüneburg.

Die von der Neuberschen Truppe gesetzten Ansprüche machen Schule. Mit Johann Friedrich Schönemann werden die dramaturgischen Prinzipien verfeinert. Er entschließt sich, ein eigenes Unternehmen zu gründen, trifft 1739 in Lüneburg auf eine Gruppe junger Schauspieler. Er ist bereits mehrfach hier aufgetreten und hat zudem verwandtschaftliche Bindungen nach Lüneburg. Schönemann ist mit Anna Rahel Weichler vermählt, die hier 1732 die erste gemeinsame Tochter zur Welt bringt und in der Johanniskirche am 17. November taufen lässt. Als Patinnen vermerkt das Taufbuch mit »Fräulein von Dassel, Frau von Döring und Frau von Töbing« drei angesehene Damen aus dem Kreis der einflussreichsten Patriziergeschlechter und mit ihnen auch gewichtige Fürsprecherinnen in Theaterdingen.

1740 tritt ein Ensemble von hochbegabten jungen Schauspielern in Lüneburg auf die Bühne im Wandhaus des Marstalles und findet großen Widerhall mit der Premiere von Racines »Mithridates«. Unter ihnen der junge Conrad Dietrich Ekhof, der 1767 in Hamburg Gotthold Ephraim Lessing begegnet. In der Uraufführung der »Minna von Barnhelm« spielt Ekhof die Hauptrolle. Die von Lessing propagierten Ideen der Aufklärung nehmen fortan Einfluss auf zahlreiche Schauspieler, so auch auf Ekhof: Er findet durch Lessing Zugang zur ersten deutschen Freimaurerloge von 1737 in Hamburg. Diese Loge »Absalom« gibt das Vorbild ab für die in Lüneburg seit 1775 bestehende Loge der Freimaurer; und es darf gewiss

Stadttheater und Gesellschaftshaus des Konditors Kaulitz in der Apothekenstraße. Postkarte aus dem Verlag von F. Köhnke, Lüneburg, nicht datiert.

vermutet werden, dass aufklärerisches Gedankengut mit den Schauspielern nach Lüneburg gelangt.

So ist das Theaterleben in Lüneburg im späten 18. Jh. auf zweifellos hohem Niveau angesiedelt. Doch hier und dort regt sich auch ablehnende Skepsis. So sähe es der Bürgermeister Schütz lieber, »wenn die comoedianten […] ganz und gar wegblieben«. Sein Amtskollege Hartwig von Töbing stimmt zu, sie würden der Stadt keinen Vorteil bringen und »mehr Böses als gutes stiften«. Bar jeglicher schöngeistiger Regung hält er »Romane lesen und Schauspile zu sehen für eins«. Töbings Worte wenden sich gegen all jene aufgeklärt-bürgerlichen Strömungen der Zeit, die auch in Lüneburg spürbar Platz greifen und nicht mehr von der einstigen Elite der Patrizier geprägt werden.

Aufklärung in Lüneburg

Am 16. Januar 1775 findet abends im Gasthof des Herrn Thomsen, dem Schütting am Markt, eine bemerkenswerte Versammlung statt: Es finden 13 honorige Herren zusammen, um auf Initiative des Freiherrn Adolph von Spoercken die Stiftung einer Freimaurerloge zu begehen. Der Freiherr ist bekannt mit den Logen in Hamburg und Hannover, steht den Ideen der Aufklärung aufgeschlossen gegenüber und hat sich schon verschiedentlich als Fürsprecher der in Lüneburg auftretenden Schauspielgesellschaften eingesetzt. Mit ihm halten auch die weiteren Stifter die Zeit für gekommen, das gesellige Leben Lüneburgs um eine Loge der Freimaurer zu bereichern. Sie soll fortan den Namen »Zur Goldenen Traube« tragen.

Zur Gründungsfeier entsendet die Berliner Große Landesloge ihre Vertreter nach Lüneburg – die Konstitutionsurkunde im Gepäck. Die 18 anwesenden Männer sind überwiegend adelige Offiziere, tragen Uniformen, doch der Anlass gebietet es, sich mit rituellen Kleidungsstücken auszustatten. Farbig eingefasste Schurze und symbolhafte Verzierungen identifizieren ihre Träger als Freimaurer: der salomonische Tempel, Zirkel und Winkelmaß, das allsehende Auge, Sonne und Mond. Künftig tragen sie bei ihren Zusammenkünften ein zierliches Bijou am Band, das auf der Vorderseite einen Halbmond, auf der Rückseite das Stadtwappen mit den drei Türmen zeigt – Lüneburg als »Stadt des Mondes«. Die Symbole geben den stark

Symbolträchtig: Meisterschurz und Bijou der Lüneburger Freimaurer als identitätsstiftende Accessoires.

ritualisierten Zusammenkünften stets die Orientierung. Musik, Wechselgesang, Ansprachen sind regelmäßig Teil der brüderlichen Begegnungen, ganz im Sinne der »Zauberflöte« Mozarts: »Brüder, reicht die Hand zum Bunde.«

Diese erste Loge besteht bis 1809, lässt ihre Zusammenkünfte an wechselnden Orten stattfinden – so eben auch in jenem Gebäude an der Münzstraße, das auch den verschiedenen Schauspielgruppen die Bühne bietet. Auf Betreiben einiger Logenmitglieder kommt es 1809/1810 zur Gründung einer neuen Loge: Die »Selene zu den drey Thürmen«, die überwiegend Räume verschiedener Brauereien nutzt, bis schließlich 1907 der Neubau eines eigenen Logenhauses erfolgt und der »Selene« bis heute als Bleibe gereicht.

Die Lesegesellschaft und die bürgerliche Öffentlichkeit

Anders als die Freimaurerlogen wenden sich die entstehenden Lesegesellschaften der Öffentlichkeit zu. In Lüneburg ist es Christian Friedrich Oldekop, der zur treibenden Kraft wird und sich bereits in den 1760er Jahren zu den Fürsprechern des Schauspielwesens zählt. Zweifellos gehört er zu jenen gebildeten Bürgern, die nunmehr an die Stelle des überkommenen Patriziats treten.

Die von Oldekop 1771 ins Leben gerufene Lesegesellschaft funktioniert wie ein Lesezirkel. Nach anfänglichen Schwierigkeiten gehören ihr bald 90 bis 100 Personen an, 1790 ist von 120 bis 130 Mitgliedern die Rede. Für die Auswahl und Beschaffung der Schriften ist ausschließlich der Direktor, mithin Oldekop, verantwortlich, und so befindet sich denn auch die Bibliothek »auf dem Rathause«, und von der Ratsstube aus wird auch die Zirkulation der Bücher organisiert. Angeschafft werden jährlich drei- bis vierhundert Bücher, die die »schönen Wissenschaften, Geschichte, Statistik, Naturhistorie« zum Thema haben.

In den 1780er Jahren stellt die Gesellschaft ihre Aktivitäten vorübergehend ein. Konflikte treten auf, es geht um das Prinzip der Gleichbehandlung ihrer Mitglieder, die den Adeligen indes nicht genehm ist: Sie – nach wie vor verfangen im Standesdenken – erwarten eine Vorzugsbehandlung, die Oldekop ihnen zuzugestehen keineswegs bereit ist. Oldekop zeigt sich hier selbstbewusst, bleibt dem Wertekanon einer bürgerlichen Moral und den in seiner Familie, einer Theologenfamilie, gelebten christlichen Grundwerten verpflichtet.

Dies zeigt sich besonders in den Jahren um 1790 und der anhaltenden Debatte um die Lektüre belletristischer Schriften. Gleichsam erzürnt ist auch in Lüneburg die Rede davon, dass man es »dem schmutzigen Colorit« oft ansehe, wie sehr die Romane »von der gnädigen Frau bis zur Köchin hinab die große Tour gemacht«. Teilweise würden die Bücher verschmutzt, zerfleddert, mit herausgerissenen Seiten den Weg zurück ins Rathaus finden, etliche seien auch gänzlich verlorengegangen, andere würden sich in den Küchen, auf den Dachböden, in den Stuben der Dienstmägde wiederfinden in einem Zustand, der eine weitere Benutzung verbiete.

Es widerstrebt Oldekop generell, dass Hausangestellte, Dienstboten, Mägde überhaupt zur Lektüre neigen. Und so sieht er sich durchaus im Einklang mit jenen Kräften, die gegen Ende des Jahrhunderts Unruhen und Aufbegehren in den unteren Schichten befürchten und fortan die ihnen als Bedrohung erscheinenden Leseinstitute einer obrigkeitlichen Kontrolle unterstellen wollen. Lesegesellschaften würden aufrührerische Ideen »in Umlauf« bringen und deswegen seien diese »Aufklärungsfabriken unter […] Aufsicht zu stellen«. Und so duldet auch Oldekop fortan keine »Schriften, wodurch der Umsturz der gegenwärtigen Verfassung […] befördert wird«, und legt einen entsprechenden »Index« an.

Der Club von 1785

Mit dem »Club von 1785« entsteht eine Einrichtung, die sich nicht nur den Ideen der Aufklärung öffnet. Hier kommen Angehörige des akademisch gebildeten Bürgertums, des Patriziats, des Adels zusammen, um einen die ständischen Grenzen überwindenden Egalitätsgedanken zu praktizieren. Wieder ist es Christian Friedrich Oldekop, seit einem Jahr Bürgermeister der Hansestadt, der eine führende Rolle spielt. Unterstützt wird er hierbei von Friedrich Ernst von Bülow, einem Vertreter der »praktischen Aufklärung«: Er entstammt einem mecklenburgischen Adelsgeschlecht, leitet grundlegende Agrarreformen ein und setzt als Abt und Landschaftsdirektor in Lüneburg auch hier Reformideen zielstrebig um – so stößt er eine Salinenreform an und ist Mitbegründer des Museums der Ritterakademie.

Zweifellos: Im Klub treffen einflussreiche, tonangebende Mitglieder der städtischen Gesellschaft zusammen. Im Unterschied zur Lesegesellschaft und zur Freimaurerloge wirkt der Klub in erster Linie nach außen durch die Funktions- und Amtsträger, die sich in ihm engagieren. Und so fungiert er auch als politischer Ort: Hier werden Zeitungen, Journale und Intelligenzblätter gemeinsam gelesen und diskutiert. Mit diesem Hintergrund ist man auf der Höhe der Zeit und in der Lage, Reformideen zu entwickeln und umzusetzen.

Die Existenz des Klubs findet Nachahmer, 1795 entsteht der »Bürgerklub«, dessen Mitglieder vornehmlich Kaufleute und Handwerker sind. Auch sie richten ein Lesezimmer ein, sitzen an »Spieltische[n]« zusammen – Spielkarten aus der Manufaktur von Johann Friedrich Crato werden auch an ihnen Verwendung gefunden haben. Doch ist die Geselligkeit gepaart mit handfesten Interessen, manche Geschäfte sind Themen der Gespräche, unternehmerische Vorhaben werden hier geplant und vorbereitet.

Der Weg in die Moderne

Beide Klubs sind Ausgangspunkte für zahlreiche Vereinsgründungen im bevorstehenden 19. Jh. Wie die Klubs verschreiben sich die jetzt die Gesellschaft durchziehenden Vereine neben wohltätigen Zwecken auch kulturellen oder wissenschaftlichen Gegenständen, organisieren das Freizeitverhalten, doch entwickeln sie sich auch zu einflussnehmenden wirtschaftlichen Interessengruppen.

»Der Mond ist aufgegangen« – nach dem Gedicht »Abendlied« von Matthias Claudius komponierte der 1747 in Lüneburg geborene Johann Abraham Peter Schulz dieses Lied. Allabendlich erklingen zu dieser Melodie die Porzellanglocken aus Meißen vom Rathausturm am Markt.

Die Theaterfreudigkeit des Lüneburger Publikums bringt das »Liebhabertheater« en vogue, lässt Zirkel entstehen, die Theaterstücke zu schreiben beginnen, meist Lustspiele im Stil des beliebten Kotzebues. Doch mangelt es der Stadt an einem eigenen Theatergebäude. 1822 gelingt es, den Konditor Kaulitz zu bewegen, das Gesellschaftshaus in der Apothekenstraße als Schauspielhaus herzurichten – mit Mitteln aus den städtisch verwalteten Hospitälern.

Es sollte bis zum Ende des Zweiten Weltkrieges dauern, bis ein eigenes Theatergebäude in Lüneburg vorhanden ist. Ende September 1946 wird eine Turnhalle zur Spielstätte. Hier sind es die Räumlichkeiten des »Metropol-Theaters«, das bis dahin als Kino der Truppenbetreuung dient. 1961 erfolgt der Umzug an seinen heutigen Standort – in das 1956 umgebaute vorherige britische Globe-Kino – und erlebt hier eine steile Karriere.

Begleitet wird die Freude am Theater von einer wiederbelebten Musikbegeisterung. Bereits 1833 bildet sich ein Musikverein, der den Ehrgeiz entwickelt, an die musikalischen Höhepunkte des Barocks mit Böhm und dem jungen Bach anzuknüpfen. Jetzt sind es die Sinfonien Beethovens, Mozarts, Händels, die im Schauspielhaus dargeboten werden, während die großen geistlichen Oratorien in der Johanniskirche und in St. Michaelis die Kirchenbänke füllen.

In Anknüpfung an Vortragsveranstaltungen der Klubs, auch der Freimaurer, entstehen Initiativen, die sich der historischen, geografischen, geologischen Altertumsforschung zuwenden. Treibende Kraft wird Wilhelm Friedrich Volger, der – den Freimaurern als Meister vom Stuhl eng verbunden – seine naturwissenschaftlichen Interessen 1851 in die Gründung des bis heute bestehenden Naturwissenschaftlichen Vereins überführt. Von hier und vom Altertumsverein gehen dann auch nachhaltige Impulse zur Gründung des Naturmuseums und des Museums für das Fürstentum Lüneburg 1891 aus, deren Sammlungen heute im Museum Lüneburg interdisziplinär zusammengeführt sind und das gemeinsam mit dem Deutschen Salzmuseum die Museumsstiftung Lüneburg bildet.

Alltagskultur und Geselligkeitskreise

Diese gehobene Kulturszenerie wird über die Zeiten hinweg begleitet von einer Alltagskultur, die nach und nach auch die breite Stadtgesellschaft einbezieht. Die Lüneburger *haute volée* trifft sich seit dem Bau des Ratsweinkellers 1328 in den Gewölben unter dem Gewandhaus des Rathauses auch im privaten Rahmen. Im 15. Jh. avanciert der repräsentative Fürstensaal auch zum »danzhus up dem bavensten Rathuse«. Daneben dient das Tanz- und Gesellschaftshaus den patrizischen Sülfmeistern als Ort ihrer aufwendigen Feiern u. a. nach der »Kope«.

In den verschiedenen Stadtvierteln sind in spätmittelalterlichen und frühneuzeitlichen Jahren neben den Brauhäusern bereits zahlreiche Schenkwirtschaften, Krüge, Kneipen und wohl auch Bordelle vorhanden, in denen Kaufleute und Händler, Handwerker und Tagelöhner aufeinandertreffen, um den Tag nach getaner Arbeit gesellig ausklingen zu lassen. Beliebt ist in diesen Zeiten der »Fahlen- und Jungenkrog« im Marktviertel, hier trifft man sich auch gerne »Im stolten buer«. Im Wasserviertel begegnet man sich »Im Bockstall« oder »Im Storchennest« und es wird hier wie in den zahlreichen weiteren Wirtshäusern des Viertels bisweilen ohrenbetäubend laut zugegangen sein. Gepflegter, aber nicht weniger unterhaltsam mag es in Cratos Weinstube in der Heiliggeiststraße oder in den Gewölben der Frederichschen Weinhandlung gewesen sein.

Zahlreicher werden die Kegelbahnen, die nach und nach von draußen nach drinnen verlegt werden. Neben »Billards« bieten C. Penseler und Meyers Garten, die »Conditoreien« von Kaulitz und Bergmann, die »Schenkwirthschaften« von Kreitz und Fuchs dem Publikum Vergnügungen beim Spiel auf den Kegelbahnen.

Nicht weniger populär sind die musikalischen Angebote in den an Zahl und Profil zunehmenden Lokalitäten. Im »Mönchsgarten« ziehen »launige Gesangsunterhaltungen« und »Concerte des Cavalleriemusikchors« die Leute an, »Sommermusiken« gibt es u. a. im Balcke'schen Gasthaus, »Winterconcerte« im Kaulitz'schen Gesellschaftshaus, das auch dem Theater eine Bühne bietet. In der Bäckerstraße finden »Abendmusiken bei Beleuchtung des Gartens« statt. Sonntags und zu Marktzeiten zieht es ein zahlreicher werdendes Publikum zu den »Tanzsälen« im Schießgraben, in den Mönchsgarten oder vor den »Thoren der Stadt« im Wilschenbruch oder in Kaltenmoor.

So entwickelt Lüneburg bis ins 19. Jh. hinein ein dichtes Netz von Treffpunkten, die in vielgestaltiger Art und Weise ganz unterschiedlichen Bedürfnissen nachkommen. Diese Ausdrucksvielfalt gerät nach 1850 in den starken Sog eines sich zunächst schleichend anbahnenden, nach 1870 extrem steigernden Nationalismus, dessen Popularität den Weg in den Ersten Weltkrieg ebnet. Mit ihm und mit dem folgenden nationalsozialistischen Kulturterror, dem Zweiten Weltkrieg schließlich verschwindet der Reichtum, die lebendige Individualität, die schwungvolle Kreativität eines Kulturlebens, das erst lange nach 1950 eine weit aufgefächerte neue Vielfalt erlebt.

Neben das Theater, das mit Schauspiel, Ballett und Oper höchst modern und durchweg anspruchsvoll daherkommt,

Leonard Bernstein dirigiert Mozarts Requiem am 9.06.1988 als Beitrag des Schleswig-Holstein Musik Festivals in der überfüllten St. Johanniskirche: Ein gesellschaftliches Spektakel, aber weit mehr noch ein künstlerisches Ereignis, das über diesen Abend hinaus lange nachhallt.

tritt eine vielfältige und nicht weniger qualitätvolle Kirchenmusik in Kirchenräumen, die bei Konzerten durchaus auch mal bis zu 1.000 und mehr Gäste aufnehmen. Dem Auftritt des legendären Dirigenten Leonard Bernstein am 9. Juli 1988 in St. Johannis, bei dem er das Mozart-Requiem vor etwa 2.000 Zuhörern dirigiert, folgt schon ein Jahr später ein Auftritt auf dem Marktplatz, den mehr als 5.000 Besucher füllen. Das Schleswig-Holstein-Musikfestival mit Bernstein in Lüneburg – das sind große Tage in der jüngeren Kulturgeschichte der Stadt.

Zahlreiche Chöre, Orchester, Ensembles geben der Musikszene bis heute klangvolle Impulse. Heute sind es die kaum noch zu überschauenden Initiativen der Kulturschaffenden, die dem Kulturleben insgesamt eine Dynamik bereiten, die an zahlreichen Orten im städtischen Leben anzutreffen ist und die der alten Hansestadt eine überraschend junge Gestalt verleihen.

Stadtökologie – Lüneburg ist ganz schön grün!

Das Stadtgebiet Lüneburgs besteht zu einem Drittel aus Siedlungs- und Verkehrsflächen. Zwei Drittel der Fläche sind unbebaut, Grünanlagen wie Parks, Kleingärten, aber auch Friedhöfe machen ein Zehntel des Stadtgebietes aus. Die ökologische Stadtentwicklung der Hansestadt Lüneburg hat heute einen hohen Stellenwert. Lüneburg hat sich 2015 zur »Zukunftsstadt 2030« erklärt – neben Wohnen und Ernährung geht es dabei auch um die Ökologie: Mehr Grün in der Stadt, mehr biologische Vielfalt, das sind die Themen der Zukunft. Die Herausforderung dabei ist, die historische Bausubstanz der Stadt und den Denkmalschutz in Einklang zu bringen mit den erforderlichen Maßnahmen zur Klimaanpassung.

Das besondere Klima der Stadt, das durch die dichte Bebauung zustande kommt, bietet spezifische Umweltbedingungen. Steine und Beton heizen sich in der Backsteinstadt stärker auf als die Vegetation. Das weitgehend flache Umland lässt den Wind relativ ungehindert in die Stadt blasen und sorgt für einen guten Luftaustausch.

Wälder und Parkanlagen

Die »grüne Lunge« Lüneburgs liegt in den vielen Parks und in den nahegelegenen Wäldern. Bis heute verfügt die Hansestadt über 1.600 Hektar Forstflächen, rund 20 % davon weisen über hundertjährige Bäume auf. Das Stadtforstamt kümmert sich um eine naturgemäße Waldwirtschaft mit dem Ziel, die Forstwirtschaft ökologisch und gleichzeitig ökonomisch zu optimieren.

Gegen Ende des 18. Jhs. kommt der Gedanke auf, dass in den Städten Grünflächen geschaffen werden müssen, und man schafft »Volksparks«, Stadtparks und Stadtwälder zur Erholung, aber auch zur Bildung der Bevölkerung. Der Kurpark gehört zu

Umgeben von grünen Parks und Gärten – Lüneburg vom Kreideberg her gesehen: Die Türme von St. Nicolai und St. Johannis mit dem Wasserturm in der Bildmitte.

den ersten Grünanlagen, die in Lüneburg entstehen. Kurparks unterscheiden sich von den klassischen Landschaftsgärten nach englischem Vorbild dadurch, dass sie auch medizinischen Zwecken dienen. So ist auch der Lüneburger Kurpark eng mit der Saline und dem Solebad verbunden, das dort im Jahr 1814 eingerichtet wird. So richtig in Betrieb kommt das Kurleben erst nach 1900, als die schon seit der Antike bestehende Idee der Kur eine neue Blüte erlebt und sie nicht nur aus medizinischen Gründen geschätzt wird, sondern auch, weil mit dem Kuraufenthalt ein gewisses Sozialprestige verbunden wird. Auf Initiative des damaligen Salinendirektors baut man 1907 nach den Plänen des Lüneburger Architekten Franz Krüger ein neues, großzügiges Sole- und Moorbadehaus mit einer Trink- und Lesehalle, Musikpavillon und Kaffeegarten. Seit 1910 ergänzt das Gradierwerk die Kurmöglichkeiten. Aus einer gut fünf Meter hohen Mauer aus verzweigtem Geäst aus Reisig tropft und sprüht feinster Salznebel, der wohltuend auf Asthmatiker und Allergiker, aber auch auf alle anderen wirkt. Das repräsentative Kurhaus im Stil des Neobarock wird 1973 abgerissen und durch einen modernen Bau ersetzt – zum Leidwesen vieler Lüneburger, die das alte Kurhaus gerne behalten hätten.

GUTE LUFT TRÄGT ZU HOHEM ALTER BEI!

Die Lüneburger Dichterin Margarete Boie beschreibt das Klima der Stadt in ihrem Buch »Der Auftakt« in der Zeit kurz vor dem Ersten Weltkrieg so: »Allerdings war die Luft im Städtchen auch besonders gesund dank seiner günstigen Lage auf leichtem Sandboden, umgeben von bebautem Land und ausgedehnten Wäldern und durchschnitten von einem schnellströmenden klaren Flusse, und da seine Bewohner weder wüste Orgien feierten, noch sich übertriebenem Arbeitseifer hingaben, so lag gar kein Grund vor, weshalb sie nicht ein rüstiges Alter erreichen sollten.« Margarete Boie ist von 1912 bis 1919 Redakteurin für die »Lüneburgischen Anzeigen«. Der 1922 erschienene Roman ist ein authentisches Zeitzeugnis über Lüneburg.

Der kleine Wandrahmpark, in unmittelbarer Nähe am Museum gelegen, lädt zum Verweilen, aber auch zum Lernen und Staunen ein. Der Park ist ein Arboretum und gleichzeitig auch Museumspark, denn hier befinden sich gleich vier sehr unterschiedliche Außenexponate, die den Park zu einem Ort des Erinnerns, Lernens und Gedenkens machen. Neben einem frühgeschichtlichen Steingrab, das 1911 ausgegraben und von seinem ursprünglichen Standort auf die »Museumsinsel« gebracht wird, finden sich ein steinernes Band, das an die ursprünglich dort verlaufende Stadtmauer erinnert sowie zwei Objekte, die im Zusammenhang mit der NS-Zeit in Lüneburg stehen. Der Eisenbahnwaggon der Reichsbahn erinnert an die furchtbaren Ereignisse im April 1945, als durch einen Bombenangriff auf Lüneburg auch ein Transport mit KZ-Häftlingen getroffen wird und mehr als 250 Häftlinge sofort bzw. auf der Flucht oder durch die Gefangennahme umkommen. Eine bronzene Pferdeskulptur stammt aus dem Besitz des Lüneburger NS-Gauleiters Otto Telschow.

Der Park selbst wird vermutlich bereits gegen Ende des 19. Jhs. errichtet als Arboretum mit freiwachsenden einheimischen wie exotischen Hölzern, wie man sie häufig auch in botanischen Gärten findet. Bäume aus aller Welt wie der Japanische Schnurbaum, die Kaukasische Flügelnuss oder die Ameri-

Mit einem Fest im Kurhaus wird 1907 der Kurpark eingeweiht. Kurz darauf öffnet im Norden des Geländes das Badehaus – ein imposanter Bau im Barockstil nach Entwürfen des Bardowicker Architekten Wilhelm Matthies.

kanische Roteiche sind hier gezielt gepflanzt worden, um die Vielfalt zu zeigen.

Eine besonders reizvolle Grünanlage mit dem schönen Namen »Liebesgrund« findet sich am Nordrand des Stadtzentrums. Ursprünglich ist das Gelände Teil der mächtigen Befestigungsanlagen mit Stadtmauern und -graben. Der Liebesgrund ist der ehemalige Stadtgraben, der 1910/11 zu einer Grünanlage gestaltet wird. Er wird stets trocken gehalten, um den Salzgehalt der örtlichen Solequellen nicht zu beeinflussen. Eine Parkanlage wie der Liebesgrund nimmt auch Einfluss auf das städtische Ökosystem, da die Bäume im Sommer nicht nur Schatten spenden, sondern durch die Transpiration von Wasser auch einen Kühleffekt erzeugen und dazu beitragen, dass Regenwasser zurückgehalten und in größeren Mengen gespeichert werden kann. Die Vielfalt der Pflanzenarten, die im Liebesgrund heimisch ist, wird ergänzt durch die Tiere, die hier ebenfalls in großer Vielfalt auftreten. Die Stieleichen zum Beispiel geben mehr als 400 pflanzenfressenden Insekten Lebensraum, und diese wiederum dienen der Vogelwelt als Nahrungsgrundlage.

Reges Leben in Türmen, Mauern und Pflasterfugen

Einen vielseitigen Lebensraum für Tiere und Pflanzen bieten auch die Gebäude in der Stadt und die Straßen. Vor allem nachts macht sich das Leben in und um die Kirchen bemerkbar. Die Mauervorsprünge, Fensterluken und Nischen bewohnen Turmfalken, Eulen, Dohlen, Mauersegler und Fledermäuse. Die »Trittpflanzengesellschaft«, das sind die Spezialisten unter den Pflanzen, die kaum beachtet unter unseren Füßen in den Fugen der Pflastersteine ihr Dasein fristen und dabei wahre Überlebenskünstler sind. Auch die Mauern der Backsteinhäuser halten beliebte Wohnungen für Pflanzen wie die Mauerraute vor – eine seltene Farnart, die in den Ritzen und Mörtelfugen der Mauern ähnliche Bedingungen vorfindet wie in den Felsritzen der Mittelgebirge und Alpen, wo sie eigentlich heimisch ist.

Kleingärten – Grüne Inseln im Häusermeer

Vorbei scheinen die Zeiten, in denen mit dem Kleingärtner das Klischee des Gartenzwerge hütenden Pensionärs inmitten von sauber getrennten und peinlichst gepflegten Grünparzellen verbunden wird. Heute sind die Gartenkolonien auch bei jungen Familien beliebt und sie werden zunehmend internationaler. Die lokale Produktion von Nahrungsmitteln und der ortsnahe Konsum ohne lange und teure Transportwege verbinden sich mit dem Erholungsfaktor.

Schrebergärten entstehen gegen Ende des 19. Jhs. als Reaktion auf die zunehmende Urbanisierung und Industrialisierung, aber auch mit einem pädagogischen Hintergrund. Die ersten Schrebergärten, die nach dem Leipziger Mediziner und Pädagogen Moritz Schreber benannt werden, entstehen, um den Stadtkindern das Spielen in der freien Natur zu ermöglichen und gleichzeitig die Eltern in erzieherischen Fragen zu schulen. Seine Ansichten werden heute eher kritisch gesehen, denn es ging ihm um den »Idealmenschen« mit »gradem Rücken und gradem Geist«. Dabei spielt der Gartenbau zunächst keine Rolle. In Lüneburg setzt die Stadtverwaltung bereits 1905 eine Kommission ein mit dem Ziel, eine Kleingartenanlage nach den Vorbildern in Leipzig, Kiel, Breslau und anderen Städten einzurichten. Durch die prekäre Ernährungslage nach dem Ersten Weltkrieg wird der Nutzen der Kleingärten für die Lebensmittelversorgung der Bevölkerung erkannt und das Gesetz zur »Kleingarten- und Kleinpachtlandordnung« im Juli 1919 unterzeichnet. Auch in Lüneburg beginnt das Kleingartenwesen in den 1920er Jahren. 1923 wird der »Kleingartenverein von Lüneburg und Umgebung« gegründet. Eine Welle von Neugründungen setzt in den 1930er Jahren ein. Die hohe Arbeitslosigkeit in der Bevölkerung zwingt die Stadt zum Handeln, und sie übernimmt die Kosten für die Ersteinrichtung der Anlagen wie Einzäunung, Wasserversorgung und die Beschaffung von Gartengeräten und Sämereien. Als 1962 im Kurpark die Ausstellung »Erholung im Kleingarten« stattfindet, beteiligen sich daran bereits neun Lüneburger Kleingartenvereine. Die Bewegung ist inzwischen zu einem Mittel zur Integration von Neubürgerinnen und Neubürgern geworden. Weitblick beweist der damalige Vorsitzende des Kleingärtner-Bezirksverbandes Lüneburg e. V. anlässlich des 75-jährigen Jubiläums, denn er betont in seiner Rede: »Menschen wollen selbst etwas zur Verbesserung ihrer Lebenssituation, für die Gemeinschaft, die Natur und die Umwelt tun. […] Sind die Vereine doch für viele Menschen auch oft die einzige Chance auf bezahlbares Grün. […] Inzwischen haben ja bundesweit mehr als 300.000 Ausländer aus 80 Nationalitäten die grünen Oasen für sich entdeckt. […] Die unterschiedlichen Kulturen aber beleben die Vereine, so viel ist sicher. Es wäre wünschenswert, wenn die Gärten zunehmend zu einem Ort der Integration würden.«

Heute bilden die rund 2.000 Kleingärten mit einer Fläche von 112 Hektar in Lüneburg einen lebendigen Teil der Stadtgesellschaft und nehmen eine wichtige Funktion in der Stadtökologie ein.

Und am Ende – Die Friedhöfe

Früher hießen sie »Gottesacker« oder »Kirchhöfe«, und diese Bezeichnung deutet auch auf ihre Lage und ihre Gestaltung hin. Bis ins 18. Jh. liegen die Friedhöfe in den Städten meist in unmittelbarer Nähe der Kirche und fassen sie wie ein mahnendes Band ein, das den Kirchgänger mitten im Leben auch an den Tod erinnert. Vor der Reformation erinnern sie oftmals wohl eher an einen Acker als an den umfriedeten, geschützten Ort der letzten Ruhe, der ihnen später ihren Namen geben soll – Friedhof. Die kirchlichen Quellen aus dem 16. und 17. Jh. sind voll von Klagen über die Zustände auf den Kirchhöfen. Es gibt keine Ordnung und keine Mauer, die sie vor dem Zugriff von Menschen und vor allem von Tieren schützt. Kinder spielen darauf, Hunde stromern herum, Schweine durchwühlen die Erde, und nicht immer sind die Toten tief genug bestattet. Dies alles geschieht sehr zum Unmut der Reformatoren um Luther, der die Kirchhöfe gemäß dem evangelischen Verständnis als Orte der Andacht und der Besinnung sieht, an denen die Gedanken der Lebenden angesichts des Todes auf ein gottgefälliges Leben im Diesseits gerichtet sein sollen.

Mit der Reformation wird eine Neuordnung des Begräbniswesens eingeleitet, die »Gottesacker« werden umfriedet und geordnet. Später, im Zuge der Aufklärung gegen Ende des 18. Jhs., kommt ein weiterer Gedanke hinzu: Die Nähe zu den Toten wird zur Belastung, man fürchtet die Ausdünstungen und entwickelt »Miasmentheorien«, um die Gefahren, die von den Begräbnisplätzen in der Stadt ausgehen, zu dramatisieren. Am Ende werden die zur Lösung des Problems vorgeschlagenen Maßnahmen umgesetzt und die alten Kirchhöfe aufgelöst und verlegt. Neue Friedhöfe entstehen an den Rändern der

Städte und Dörfer, so auch in Lüneburg. Der Widerstand dagegen ist ebenso heftig wie langwierig, handelt es sich doch bei der letzten Ruhestätte um einen Besitz, mit dem Familientraditionen ebenso verbunden sind wie Rechte und Privilegien, die man nicht einfach so aufzugeben bereit ist.

Historische Friedhöfe haben einen besonderen Reiz – sie sind Orte der Toten und der Lebenden, zur Bestattung und zum Gedenken eingerichtet, aber auch grüne Oasen und ein Teil der Kulturgeschichte der Stadt. Neben den ‚normalen' Friedhöfen gibt es inzwischen eine Vielzahl von Begräbnisorten mit ganz unterschiedlichen Gestaltungsformen und Funktionen. Ein Relikt aus dem 20. Jahrhundert, dem Jahrhundert der großen und gewaltvollen Kriege, sind die Opferfriedhöfe. Allein auf den städtischen Friedhöfen Lüneburgs mit ihren vier Kriegsgräberanlagen befinden sich die Gräber von über 1.300 Kriegstoten und Opfern der NS-Gewaltherrschaft. Auf dem ehemaligen Friedhof der Landes-, Heil- und Pflegeanstalt sind 85 Opfer der NS-Psychiatrie bestattet.

Der größte Friedhof der Stadt ist mit gut 24 Hektar der Waldfriedhof. Er wird in den 1950er Jahren im Stadtteil Kaltenmoor geplant und 1961 eingerichtet. Einst in eine Heidelandschaft eingebettet, wird er im Laufe der Zeit zu einer Waldlandschaft und bietet mit einem breiten Wegenetz den Eindruck einer großzügigen Parklandschaft. Ein Zeichen unserer Zeit ist das Gräberfeld der Tobias-Gemeinschaft, das hier seinen Platz gefunden hat. Die Tobias-Gemeinschaft ist ein Zusammenschluss von Bürgerinnen und Bürgern aus Lüneburg, die es sich zur Aufgabe gemacht haben, den mittellos verstorbenen Armen ein würdiges Begräbnis mit Trauerbegleitung, einer christlichen Bestattung und dem Namen des oder der Verstorbenen auf einer Stele zu geben.

Sehr früh findet in Lüneburg die erste Friedhofsanlage vor den Toren der Stadt ihren Platz. Der Cyriak-Kirchhof muss 1639 dem Bau der Befestigungsanlagen weichen und wird am Rande der Stadt neu angelegt. Der heutige Michaelisfriedhof weist einige besonders schöne Grabanlagen auf, so die Begräbnisstätte der Lüneburger Opernsängerin Charlotte Huhn, die 1865 in Lüneburg geboren wird und eine große Karriere mit

Gastspielen bis an die New Yorker Metropolitan Opera schafft. Sie stirbt 1925 in Hamburg und findet ihre letzte Ruhestätte in Lüneburg.

Eines der wenigen noch sichtbaren Zeugnisse jüdischer Kultur in Lüneburg ist ihr Friedhof. Marcus Heinemann, Henriette Heinemann, Salomon Heinemann, Sophie Heinemann, Rosa Lindenberg, F. Lindenberg, Seraphine Heinemann, C. D. Lindenberg, Sophie Salomon geb. van Biema, Sally Heinemann, Jacob Valentin, Friederike Valentin geb. Jacobsohn, Marta Heinemann, Emilie Heinemann – mit diesen Namen, die auf den Grabsteinen stehen, verbindet sich eine aus städtischen Honoratioren und voll integrierten Mitgliedern der Stadtgesellschaft bestehende kleine jüdische Gemeinde, zu der seit 1823 ein Friedhof gehört. Der letzte Grabstein wird 1939 für Betty Dublon aufgestellt, bereits ein Jahr zuvor wird der Friedhof durch Mitglieder der NSDAP geschändet. Die Grabmale werden umgeworfen, die Gräber beschädigt, eingeebnet, die zerschlagenen Grabsteine als Fundament für ein Barackengebäude genutzt, das als Behelfsheim dient.

Nach dem Krieg gerät der jüdische Friedhof Jahrzehnte lang in Vergessenheit. Heute befindet er sich im Besitz des Landesverbandes der Jüdischen Gemeinden von Niedersachsen und ist ein geschütztes Kulturdenkmal. 2021 beschließt die Hansestadt Lüneburg die Sanierung der Anlage mitsamt dem Gebäude der Totenhalle. Der Friedhof soll nun wieder ein Ort des Gedenkens und des Erinnerns werden – ein gutes Zeichen in schwierigen Zeiten.

Anhang

Zeittafel

Um 2.000 v. Chr.	Vorgeschichtliche Funde in und bei Lüneburg bezeugen, dass der Boden Lüneburgs und seiner Umgebung seit der jüngeren Steinzeit besiedelt ist.
Um Christi Geburt	sind die Langobarden in dieser Gegend sesshaft.
Seit dem 5. Jh.	Das Gebiet um Lüneburg, der sog. Bardengau, gehört zum sächsischen Machtbereich.
8. Jh.	In der alten dörflichen Siedlung Modestorpe wird in der karolingischen Zeit die Taufkirche St. Johannis errichtet. Chronisten erwähnen im Jahr 795 den Ort Hliuni (was soviel wie Zufluchtstätte heißt) als Lagerplatz des karolingischen Heeres.
Um 955	Markgraf Hermann Billung macht die neu erbaute »Lüneburg« auf dem Kalkberg zu seiner festen Residenz und gründet mit seinem Bruder, dem Bischof Amelung von Verden, das Kloster St. Michaelis.
956	13. August: Erste urkundliche Erwähnung »Luniburcs« zusammen mit der Saline in einer Schenkungsurkunde König Ottos I., worin er dem Michaeliskloster den Salzzoll aus den Erträgen der Saline schenkt.
1013	Erdrutsch in der Nähe der Cyriakskirche – erste historisch bezeugte Senkungserscheinung.
1139–1181 (1195)	Der Welfenherzog Heinrich der Löwe regiert im Herzogtum Sachsen. Er begünstigt die verschmelzende »Großgemeinde« Lüneburg und die Monopolisierung der Lüneburger Saline.
1189	Heinrich der Löwe zerstört den Flecken Bardowick.
1229–1273	Bau des Lüneburger Rathauses.
1247	28. April: Herzog Otto das Kind bestätigt und erweitert das Stadtrecht von Lüneburg. Die Stadt erhält umfangreiche Privilegien.
1251	Erstmalige Erwähnung des Hospitals St. Nikolai in Bardowick.
Spätestens seit 1262	Die Saline umfasst 54 Siedehütten mit 216 Siedepfannen.
1273	Die Saline erhält das Salzmonopol im Fürstentum Lüneburg.
1288	Die »Yodenstrate« in der westlichen Altstadt wird erstmals erwähnt.

1293	Erste urkundliche Erwähnung des Ratsziegelhofes; Lüneburg erhält das Münzrecht.
Um 1300	Ungefähr 10.000 Menschen leben in Lüneburg.
1331	Die »fraternitas sancte crucis« der Imker gründet sich.
1350	Pestausbruch in Lüneburg.
1350	Die Krämer in Lüneburg gründen die Liebfrauengilde.
1370–1388	Lüneburger Erbfolgekrieg. Erbstreitigkeiten nach dem Aussterben der Lüneburger Linie des Welfenhauses. Askanier und Welfen streiten um die Vorherrschaft, am Ende siegen die Welfen.
1371	1. Februar: Zerstörung der herzoglichen Burg auf dem Kalkberg durch die Lüneburger. Das mitbetroffene Michaeliskloster wird ab 1376 innerhalb der Stadt neu erbaut. 21. Oktober: Am Namenstag der Hl. Ursula behaupten die Lüneburger Bürger ihre Freiheiten und Stadtrechte gegen Herzog Magnus, der nach der Zerstörung der Burg versucht, die Stadt mit Waffengewalt zurückzuerobern.
1381	Lüneburg schließt sich dem wendischen Münzverein der hansischen Seestädte an, was einem Eintritt in den Hansebund gleichkommt.
1382	Die Prämonstratenser lassen sich in Lüneburg nieder. 1383 legen sie den Mönchsbrunnen an, die erste Wasserleitung im Stadtgebiet.
1386	Die Mälzer gründen die Gilde »Zum Heiligen Geist«.
1387	Erste Erwähnung einer Schützenkompanie.
1388	Erste Erwähnung der Reitenden Diener (Stadtsoldaten).
1390–1395	Bau der für den Lüneburger Salzhandel und den Transport von Holz wichtigen »Stecknitzfahrt«, ein Wasserweg zwischen Lübeck und der Elbe.
1392	Die Sate, ein Landfriedensbündnis der Herzöge und Stände des Fürstentums Lüneburg, verbrieft der Stadt Lüneburg das Straßenzwangsrecht und das Stapelrecht. Der Kalkberg wird städtisches Eigentum.
1396	Die Salztonnenböttcher gründen die St. Godehardgilde.
1397	Errichtung der ersten Landwehr, ergänzt 1479–1483.
1400–1443	Die Stadtbefestigung wird mit Tor- und Turmanlagen ausgebaut.
1401	Herausgabe eines Stadtgesetzbuches (Donat).
1406	15. September: Gründung des Johanneums.
1409	Erste Weihe der Nicolaikapelle unter dem Patronat des Rates.
1412	Erste Erwähnung der »Kagelbrüder«, Kaufleute der Hanse mit internationalen Handelsverbindungen.
1412–1430	Lüneburg verhandelt mit den Mecklenburger Herzögen über die Schaffung einer zweiten Verbindung. 1430 Vertrag über die

Schaalfahrt (Schaalsee-Sude-Elbe), bedeutende Wasserstraße für Salzhandel und Holzzufuhr.

1427, 1428, 1484, 1516, 1525, 1540, 1548 Pestzüge in Lüneburg.

1433 Schloss Winsen (Luhe), Zweitwohnsitz der herzoglichen Familie, wird an die Stadt Lüneburg verpfändet.

1440 Erstmalige Erwähnung der vier Lüneburger Stadtviertel (Marktviertel, Salzviertel, Wasserviertel, Sandviertel).

1443 Fertigstellung der Stadtbefestigung mit Wall, Mauer und Graben.

1445–1462 Prälatenkrieg – Auseinandersetzungen zwischen der Stadt und den geistlichen Anteilseignern der Saline, den Sülzprälaten, über die Schulden der Stadt.

1446/47 Der Hamburger Meister Hans Bornemann schafft auf einem Altarflügel die erste topografisch getreue Stadtansicht Norddeutschlands.

1525–1534 Reformation in Lüneburg – zunächst durch den Rat der Stadt abgelehnt, fügt dieser sich nach Unruhen in der Stadt den Forderungen der Handwerker und Brauer und führt die Reformation ein.

1530 Erster evangelischer Gottesdienst in St. Nicolai.

1531 Schul- und Kirchenreform des Urbanus Rhegius.

1564–1568, 1577, 1596, 1603, 1620 Pestausbrüche in Lüneburg.

1564 Gründung einer Toten- und Begräbnisgesellschaft.

1580 Es gibt 80 Brauereien in der Stadt.

Um 1600 Gut 14.000 Menschen leben in Lüneburg.

1619/1639 Reform der Stadtverfassung – künftig sollen fünf Vertreter aus der Bürgerschaft Mitglied im Rat sein, das bedeutet das Ende der patrizischen Ratsverfassung.

1630–1636 Lüneburg wird im Dreißigjährigen Krieg von den Schweden besetzt.

1637 3. September: Herzog Georg von Braunschweig-Lüneburg rückt mit seinen Truppen zum Schutz der Stadt ein, Abzug der Schweden.

1639 21. Mai: Vergleich zwischen Landesherrschaft und Stadt. Herzog Georg bekommt die unbeschränkte Oberaufsicht in geistlichen, finanziellen und administrativen Angelegenheiten Lüneburgs. Alle Stände erhalten die volle Ratsfähigkeit. Der Kalkberg geht in den Besitz der Landesherrschaft über und wird befestigt. Ende der Selbstständigkeit und Vorrangstellung der Stadt.

1655/56 Der evangelische Konvent des Michaelisklosters wird aufgehoben. Aus dem Klostervermögen wird fortan eine Schule zur Erziehung junger Adliger, die Ritterakademie, unterhalten.

1695–1700 Herzog Georg Wilhelm zu Braunschweig-Lüneburg lässt am Markt das Stadtschloss errichten.

1706 Einrichtung des Huldigungssaals im Rathaus aus Anlass des Besuchs von Kurfürst Georg Ludwig I. von Hannover auf seinem Weg zur Krönung in England.

1709–1715 Die Pest tritt letztmalig auf.

1740 In der Stadt leben 10.380 Menschen.

1741–1745 Bau des Kaufhauses am Lüner Tor mit barocker Fassade.

1757 Während des Siebenjährigen Krieges Besetzung Lüneburgs durch französische Truppen.

1782 Fertigstellung des Sonnin'schen Pumpgestänges zur Soleförderung. J. P. Manecke erfindet eine mechanische Anlage zum Heraufpumpen der Sole, der Hamburger Baumeister E. G. Sonnin setzt sie um.

1787 Einrichtung eines Krankenhauses am Wandrahm.

1788 Johann Friedrich Crato gründet eine Spielkartenmanufaktur.

1799 1. Juli: Inkrafttreten der Salinenreform. Friedrich Ernst von Bülow organisiert die Saline neu.

1806 1. August: Das Kurfürstentum Hannover fällt an Preußen, Lüneburg wird preußisch.

1810–1813 Nach kurzer Zugehörigkeit zum Königreich Westfalen wird die Stadt Sitz einer französischen Unterpräfektur und wiederum Teil des französischen Kaiserreiches.

1813 18. September: Ende der französischen Besatzung und Wiedereinsetzung des alten Stadtrates.

1814 11. November: Das Kurfürstentum Hannover wird Königreich.

1816 Stadtsuperintendent Christiani eröffnet eine Bürgerschule und eine Freischule (Volksschule).

1816 Lüneburg erhält in den Wintermonaten eine Straßenbeleuchtung mit Öllampen.

1821 Friedrich Penseler richtet eine Tapetenfabrik ein.

1822 Einrichtung eines Theater- und Konzertsaals von C. Kaulitz.

1823 Lüneburg wird Sitz einer Landdrostei.

1825 In Lüneburg gibt es 49 Spediteure.

1826–1828 Bau der Lüner Kaserne für das bereits 1813 von Oberstleutnant Albrecht von Estorff aufgestellte »Husarenregiment«.

1831 Carl Oltrogge gründet eine private höhere Mädchenschule, die 1875 von der Stadt übernommen wird.

1831 Oktober: Die Cholera erreicht die Stadt.

1837 Georg Leppien nimmt die Produktion von Möbelhaartuch und Plüsch auf.

1838 Jürgen Daetz ruft eine Kalkbrennerei ins Leben.

1846 Die neue Kommunalverfassung beseitig die letzten Reste patrizischer Vorrechte.

1847 11. Mai: Die Bahnstrecke Lehrte – Celle – Uelzen – Lüneburg – Harburg wird eröffnet, der Bahnhof 1848 fertiggestellt.

1848	Gründung des Männerturnvereins (MTV) und des Arbeiterbildungsvereins.
1857	Eröffnung der katholischen Marienkirche.
1860	Errichtung der Portland-Zementfabrik durch die Unternehmerfamilie Heyn.
1863	Inbetriebnahme der Eisenbahn Lüneburg – Lauenburg, Bau eines Güterbahnhofs. Gründung der Kunstdünger- und Lederleimfabrik A. Brauer.
1866	Das Königreich Hannover wird preußische Provinz.
1867	Johann Reichenbach eröffnet eine Fassfabrik.
1871	Gründung der ersten Gemeinnützigen Baugesellschaft.
1874	Verkauf des Lüneburger Ratssilbers an das Kunstgewerbemuseum in Berlin.
1874	Für die neue Bahnlinie müssen 700 Bäume auf dem Ostwall weichen. Errichtung eines neuen Bahnhofes (westl. des Staatsbahnhofes).
1875	Anfänge der Vorstadt vor dem Roten Tore auf dem bisher als Gartenland und Weide benutzten Gelände.
1889/90	Bau des Postgebäudes.
1891	Bau des Museums für das Fürstentum Lüneburg.
1894	Einweihung der Synagoge.
1895	Im Clamart-Park wird eines der ersten Kriegerdenkmale aufgestellt.
1897	Errichtung der städtischen Abfuhranstalt.
1899	Bau des Krankenhauses.
1900	Bau der Heil- und Pflegeanstalt.
1902	Einweihung der Volksbadeanstalt.
1909	Der jüdische Kaufmann und Bankier Marcus Heinemann wird zum Ehrenbürger der Stadt ernannt.
1906	Bau des Wasserturms.
1907	Neubau des Kur- und Badehauses mit Gradierwerk.
1913	Errichtung des Johanna-Stegen-Denkmals.
1914–1918	1. Weltkrieg. Zur Linderung der Notstände setzen sich das Rote Kreuz, die Vereine und Wohlfahrtsverbände und die Freiwillige Kriegshilfe ein.
1916	Die Stadt richtet eine Volksküche im Glockenhaus ein.
1917	In Lüneburg werden 23.000 Einwohner gezählt, 4.500 weniger als 1910.
1919	Durch Kriegsheimkehrer und Flüchtlingsfamilien wächst die Bevölkerung auf 27.599 Einwohner.
1919	Bei der Wahl zur Verfassungsgebenden Nationalversammlung erhält die Sozialdemokratische Partei die meisten Stimmen (52,4 %), Frauen sind erstmals wahlberechtigt. Die SPD-Abgeordnete Anna Vogeley zieht als erste Frau in den Lüneburger Stadtrat ein.

1919	Rücktritt des Oberbürgermeisters Georg König. Sein Nachfolger wird Dr. Hermann Schmidt.
1922	Gründung der Volkshaus GmbH.
1922	Einweihung des Dragoner-Denkmals.
1923	Die Saline wird Aktiengesellschaft, Aktienmehrheit liegt bei der Stadt.
1932	In den beiden Reichspräsidentenwahlen erringt v. Hindenburg in der Stadt die absolute Mehrheit, bei der Landtagswahl wird die NSDAP erstmals in Lüneburg stärkste Partei (36,5 %).
1933	5. März: Bei den Reichstagswahlen erhält die NSDAP in Lüneburg-Stadt 44,2 % und im Landkreis Lüneburg 54,2 % (im gesamten Reich 43,9 %). Bei den Kommunalwahlen erreichen NSDAP/DNVP im Rat die absolute Mehrheit. 28. März: Die NSDAP ruft zum Boykott jüdischer Geschäfte auf.
1933	In Lüneburg leben 31.171 Menschen.
1935	Bau der Scharnhorstkaserne.
1936	Bau der Schlieffenkaserne.
1936	Die Nationalsozialisten zwingen Oberbürgermeister Dr. Hermann Schmidt zum Rücktritt. Sein Nachfolger wird Wilhelm Wetzel.
1937	1. April: Lüneburg wird Hauptstadt des Gaues Osthannover. Der Flughafen wird ausgebaut und mit einem Kampfgeschwader belegt.
1938	Die Synagoge wird zum Abbruch verkauft. 9./10. November: Judenpogrome in Lüneburg.
1939	Einweihung des neuen Dragoner-Denkmals.
1939	In Lüneburg leben 37.267 Menschen.
Herbst 1941	65 russische Kriegsgefangene arbeiten in den Düngerkalkwerken, jeweils 40 in der Reichenbach'schen Fassfabrik und in den Knäckebrotwerken, bei der Saline und im Eisenwerk sind es jeweils 20. Ein knappes Jahr später ist ihre Zahl auf 697 gestiegen.
1945	7. April: Luftangriff auf den Bahnhof und Umgebung, ein Häftlingstransport wird getroffen. Mehr als 250 KZ-Häftlinge werden erschossen und in einem Massengrab bestattet. 18. April: Britische Truppen marschieren in Lüneburg ein. Die Stadt wird kampflos übergeben. 4. Mai: Die deutschen Streitkräfte unterzeichnen mit Generalfeldmarschall Montgomery auf dem Timoloberg in Deutsch-Evern bei Lüneburg die Kapitulationsurkunde. Jüdische Displaced Persons aus dem KZ Bergen-Belsen errichten einen Gedenkstein für die Synagoge.

	17. September: Beginn des Bergen-Belsen-Prozesses in Lüneburg.
1946	Juni: In Lüneburg werden 62.000 Einwohner gezählt, darunter über 16.000 Flüchtlinge und Vertriebene.
1946	Gründung der Pädagogischen Hochschule.
1948	Immer mehr Flüchtlinge erreichen Lüneburg. Bevölkerungsstand im Dezember: 56.207.
1948	Hans Pfohe gründet die »Lüneburger Mechanische Strickerei«, die er kurz »Lucia« nach seiner Frau benennt.
1948	Andreas und Johann Loewe gründen eine Pumpenfabrik.
1949	Bei der ersten Bundestagswahl führt in Lüneburg die SPD vor der DP und der CDU.
1950	September: Flüchtlinge und Vertriebene stellen einen Bevölkerungsanteil von 36 %.
1956	15. September: Die Stadt feiert ihr 1000-jähriges Bestehen.
1958	Die Bundeswehr zieht in die Kasernen in der Stadt ein.
1966	Beginn des Stadtteils Kaltenmoor auf den ehemaligen von Bülowschen Gütern.
1974	Gründung des ALA – Arbeitskreis Lüneburger Altstadt.
Ab 1997	Pläne zur Konversion der Lüneburger Kasernen.
2007	Lüneburg darf wieder den Titel Hansestadt tragen.
2010	Erschließung des Hanseviertels.
2011	Gründung der Museumsstiftung Lüneburg als Trägerin des Deutschen Salzmuseums und des Museums Lüneburg.
2012	Der Hansetag findet in Lüneburg statt.
2014	Einrichtung der Kulurbäckerei in der ehemaligen Heeresbäckerei – Zentrum für Kunst und Kultur.
2015	Eröffnung Museum Lüneburg – Interdisziplinäres Museum für Stadt- und Regionalgeschichte Lüneburgs.
2015	Der Prozess gegen einen NS-Täter beginnt: Oskar Gröning, ehemaliger SS-Wachmann in Ausschwitz.
2017	9. November: Fertigstellung des Zentralgebäudes der Universität, entworfen von dem Architekten Daniel Libeskind.
2018	Einweihung der neuen Synagogengedenkstätte.
2021	Ende der Amtszeit von Oberbürgermeister Ulrich Mädge – mit 30 Jahren Dienstzeit der am längsten amtierende Oberbürgermeister in Niedersachsen.
	1. November: Die erste Oberbürgermeisterin in der Geschichte der Stadt, Claudia Kalisch (Grüne), tritt ihr Amt an.
2022	In der Hansestadt Lüneburg leben 77.766 Menschen.

Literatur

Bleeck, Hans: Lüneburgs Salzhandel im Zeitalter des Merkantilismus (16. bis 18. Jahrhundert). Lüneburg 1985.

Brosius, Dieter; Hohenstein, Angelika: Flüchtlinge im nordöstlichen Niedersachsen 1945–1948. Hildesheim 1985.

Cordes, Jan-Christian: Politik und Glaube. Die Reformation in der Hansestadt Lüneburg. Göttingen 2020.

Droste, Heiko: Schreiben über Lüneburg – Wandel von Funktion und Gebrauchssituation Lüneburger Historiographie 1350 bis 1639. Hannover 2000.

Ernst, Angelika: Lüneburg in der Franzosenzeit 1803–1813. Schicksal einer besetzten Stadt. Lüneburg 1991.

Ferger, Imme: Lüneburg. Eine siedlungsgeographische Untersuchung. Bad Godesberg 1969.

Friedland, Klaus: Der Kampf der Stadt Lüneburg mit ihrem Landesherrn. Stadtfreiheit und Fürstenhoheit im 16. Jahrhundert. Hildesheim 1953.

Ganzert, Joachim (Hg.): Das Lüneburger Rathaus. Ergebnisse der Untersuchungen 2008 bis 2011. 3 Bde., Petersberg 2014.

Görges, Wilhelm: Die Schulen des Michaelisklosters zu Lüneburg: I. Die Ritterakademie, in: Jahresbericht des Johanneums zu Lüneburg, Ostern 1901, S. 3–54.

Görges, Wilhelm: Die Schulen des Michaelisklosters in Lüneburg: II. Die Michaelisschule, in: Jahresbericht des Johanneums zu Lüneburg, Ostern 1902, S. 3–39.

Görges, Wilhelm; Nebe, August: Geschichte des Johanneums zu Lüneburg. Festschrift zur 500jährigen Jubelfeier des Johanneums im September 1906. Lüneburg 1906.

Grunwald, Arnold: Geschichte der Freimaurerei in Lüneburg von 1775–2012. Norderstedt 2012.

Hansen, Dirk: Lüneburger Schlagzeilen. Historische Jahrhundertereignisse. Lüneburg 2020.

Hecht, Michael: Patriziatsbildung als kommunikativer Prozess. Die Salzstädte Lüneburg, Halle und Werl in Spätmittelalter und Früher Neuzeit. Köln 2010.

Heuschen, Gudrun: Des Vaters Zeitung an die Söhne: Männlichkeiten um 1800 in einer Familienkorrespondenz. Königstein 2006.

Hinz, Ulrich: Die Bevölkerung der Stadt Lüneburg im 18. Jahrhundert, in: Lüneburger Blätter 15/16, 1965, S. 71–138.

Köhler, Nils: Zwangsarbeit in der Lüneburger Heide. Organisation und Alltag des »Ausländereinsatzes« 1939–1945. Bielefeld 2003.

Kollai, Helmut: Die Eingliederung der Vertriebenen und Zuwanderer in Niedersachsen. Berlin 1959.

Körner, Gerhard (Hg.): Reformation vor 450 Jahren – Eine lüneburgische Gedenkschrift. Lüneburg 1980.

Krohn, Claus Dieter; Stegmann, Dirk: Kleingewerbe und Nationalsozialismus in einer agrarisch-mittelständischen Region. Das Beispiel Lüneburg 1930–1939, in: Archiv für Sozialgeschichte XVII, 1977, S. 41–98.

Kuball, Mischa: urban context. Hannover 2000.

Lamschus, Christian und Hilke; Reinhardt, Uta (Hg.): »Alles was Recht ist« – 750 Jahre Stadtrecht in Lüneburg. Lüneburg 1997.

Luntowski, Gustav: Lüneburger Unternehmer im 19. Jahrhundert, in: Lüneburger Blätter, 15/16, 1965, S. 5–20.

Mädge, Christoph: Industrialisierung und Wirtschaftsförderung in Lüneburg 1830–1866. Rahden 2012.

Magnus, Peter A. von: Die Geschichte des Theaters in Lüneburg bis zum Ende des 18. Jahrhunderts. Lüneburg 1961.

Manecke, Urban Friedrich Christoph: Topographisch-historische Beschreibungen der Städte, Aemter und adelichen Gerichte im Fürstenthum Lüneburg. Celle 1858.

Matthaei, Georg: Lüneburgs Kirchen und Schulen, in: Aus Lüneburgs tausendjähriger Vergangenheit. Festschrift herausgegeben im Auftrage der Stadt Lüneburg von Ulrich Wendland. Lüneburg 1956, S. 30–66.

Mörke, Olaf: Der gewollte Weg in Richtung »Untertan«. Ökonomische und politische Eliten in Braunschweig, Lüneburg und Göttingen vom 15. bis ins 17. Jahrhundert, in: Heinz Schilling und Hermann Diederiks (Hg.): Bürgerliche Eliten in den Niederlanden und in Nordwestdeutschland. Studien zur Sozialgeschichte des europäischen Bürgertums im Mittelalter und in der Neuzeit. Köln 1985, S. 111–133.

Heuer, Horst: Lüneburg im 16. und 17. Jahrhundert und seine Eingliederung in den Fürstenstaat. Hamburg 1969.

Pagel, Marianne: Gesundheit und Hygiene: Zur Sozialgeschichte Lüneburgs im 19. Jahrhundert. Hildesheim 1992.

Peter, Elmar: Lüneburg. Geschichte einer 1000jährigen Stadt 956–1956. Lüneburg 1999.

Petersen, Nils: Die Stadt vor den Toren. Lüneburg und sein Umland im Spätmittelalter. Göttingen 2015.

Plath, Uwe: Mädchenbildung im Lüneburg des 19. Jahrhunderts. Zur Geschichte der Wilhelm-Raabe-Schule. Lüneburg 1986.

Pless, Helmut C.: Lüneburg 1945. Nordost-Niedersachsen zwischen Krieg und Frieden. 4. Auflage, Lüneburg 1982.

Preuß, Werner H. (Hg.): Stadtentwicklung und Architektur. Lüneburg im 20. Jahrhundert. Husum 2001.

Preuß, Werner H.: Die Geister der Schlieffen-Kaserne im Lüneburger Hanseviertel. Bardowick 2021.

Preuß, Werner, H.: Heinrich Heine in Lüneburg. Loreley am Lösegraben. Hamburg 1987.

Reinecke, Wilhelm: Geschichte der Stadt Lüneburg. 2 Bde., ND Lüneburg 1977.

Reinecke, Wilhelm: Klubgesellschaften in Lüneburg, in: Lüneburger Museumsblätter 11, 1925, S. 229–235.

Reinhardt, Uta: Lüneburg zwischen Erstem Weltkrieg und Drittem Reich, in: Niedersächsisches Jahrbuch für Landesgeschichte 54, 1982, S. 95–127.

Reinhardt, Uta: Nationalsozialistische Stadtplanung am Beispiel Lüneburg, in: Lüneburger Blätter 4, 1978, S. 109–119.

Rümelin, Hansjörg (Hg.): Das Benediktinerkloster St. Michaelis in Lüneburg. Bau – Kunst – Geschichte. Berlin 2018.

Rümelin, Hansjörg: Das Hafenviertel. Zur topographischen und sozialräumlichen Entwicklung eines Lüneburger Stadtteils. Lüneburg 1997.

Schnath, Georg: Staatshoheit und Stadtfreiheit in der Geschichte Lüneburgs, in: Lüneburger Blätter 7/8, 1957, S. 9–24.

Springensguth, Silke: Tod im Turm – Die Rolle persönlicher und sozialer Beziehungen in Konflikten des Mittelalters am Beispiel des Lüneburger Prälatenkrieges. Mönchengladbach 2007.

Staack, Heidi; Voigt, Sebastian; Zießler, Joachim: Lüneburg und Region. Die Stunde Null. Zeitzeugen aus Lüneburg und der Region erinnern sich. Gudensberg-Gleichen 2005.

Stadtökologischer Rundgang Lüneburg. Herausgegeben vom Naturwissenschaftlichen Verein Lüneburg. Lüneburg o. J.

Stegmann, Dirk: Lüneburg 1918–1945. Stadtgesellschaft zwischen Kaiserreich, Republik und Diktatur. Herausgegeben von der Museumsstiftung Lüneburg. Lüneburg 2020.

Terlau, Karoline Aloisia: Lüneburger Patrizierarchitektur des 14. bis 16. Jahrhunderts. Münster 1984.

Tschirner, Ulfert: Das Museum der Lüneburger Ritterakademie. Eine Geschichte des Sammelns um 1800. Regensburg 2020.

Urbat, Anne: Die Lüneburger Lesegesellschaft von 1771 im Kontext bürgerlicher Lesekultur und literarischer Öffentlichkeit in der zweiten Hälfte des 18. Jahrhunderts. Magisterarbeit Leuphana Universität 2011.

Voigt, Martin: Die St. Johanniskirche in Lüneburg. Der Erzählschatz mittelalterlicher Kirchen. München 2012.

Volger, Wilhelm Friedrich: Die Hospitäler Lüneburgs. Lüneburg 1859.

Volger, Wilhelm Friedrich: Lüneburger Geschichte in Einzeldarstellungen. ND Lüneburg 1986.

Wendland, Ulrich (Hg.): Aus Lüneburgs tausendjähriger Vergangenheit. Lüneburg 1956.

Wendler, Ulf: Nicht nur Pest und Pocken. Zur Bevölkerungsgeschichte der Lüneburger Heide, des Wendlandes und der Marschen des Fürstentums Lüneburg 1550–1850. Hannover 2008.

Winghart, Stefan (Hg.): Baudenkmale in Niedersachsen. Bd. 22.1, Hansestadt Lüneburg. Petersberg 2010.

Witthöft, Harald: Das Kaufhaus in Lüneburg als Zentrum von Handel und Faktorei, Landfracht, Schiffahrt und Warenumschlag bis zum Jahre 1637. Lüneburg 1962.

Woehlkens, Erich: Pest und Ruhr im 16. und 17. Jahrhundert. Grundlagen einer statistisch-topographischen Beschreibung der großen Seuchen, insbesondere der Stadt Uelzen. Hannover 1954.

Oberbürgermeister und Oberbürgermeisterin in Lüneburg von 1846 bis 2021

1846 erhält die Hansestadt Lüneburg eine neue Stadtverfassung. Sie sieht fortan zwei Kollegien vor: den Magistrat mit dem Oberbürgermeister an der Spitze und das »Collegium der Bürgervorsteher«, dem später so benannten Rat der Stadt. Die folgende Liste der mit weitreichenden Befugnissen ausgestatteten Oberbürgermeister setzt mit dieser Stadtverfassung ein.

1846–1850	Dr. Christian Wilhelm Lindemann
1851–1859	Wilhelm Barckhausen
1860–1880	Ludolph Ulrich Fromme
1880–1894	Otto Lauenstein
1894–1901	Georg Keferstein
1901–1919	Georg König
1919–1936	Dr. iur. Hermann Schmidt
1936–1945	Wilhelm Wetzel, NSDAP
1945	Hans Drape
1945–1946	Werner Bockelmann, SPD
1946–1949	Ernst Braune, SPD
1949–1951	Paul Müller, DP
1951–1952	Erich Dieckmann, DP
1952–1954	Peter Gravenhorst, DP
1954–1955	Reinhold Kreitmeyer, FDP
1955–1958	Peter Gravenhorst, DP
1958–1961	Wilhelm Hilmer, SPD
1961–1964	Erich Drenckhahn, CDU
1964–1978	Alfred Trebchen, SPD
1978–1981	Heinz Schlawatzky, SPD
1981–1987	Horst Nickel, CDU
1987–1991	Jens Schreiber, CDU
1991–2021	Ulrich Mädge, SPD
seit November 2021	Claudia Kalisch, Bündnis 90/Die Grünen

Register

Ortsregister (allgemein)

Ortsregister (Lüneburg)

Personenregister

Bildnachweis

Akg-images: 41, 77
Bildarchiv Landeszeitung Lüneburg: 35, 145 (Foto Michael Behns)
Daniel Sumesgutner: 18
Fred Dott: 53
Hansestadt Lüneburg: 78
http://commons.wikimedia.org: 121, 129 (CC-BY-SA-4.0, Pardin)
Landesamt für Geoinformationen und Landesvermessung Niedersachsen: 172–173
Lüneburg Marketing GmbH: 147
Manfred Below: 22
Museum Lüneburg: 12 (ML 00145_005), 14/15 (ML 00305), 16, 49 (ML 02040_05), 56 (ML 00660), 68 (ML Fotos S 159), 97 (ML 00662), 99, 103 (ML R.481), 107 (ML Fotos A147), 115, 119, 126 (ML 01244_01), 138 (ML 00591 und ML 00594)
Ratsbücherei Lüneburg: 83 (Ms. Jurid. 1, f. 5v)
Sammlung Hans-Joachim Boldt, Lüneburg: 27, 142, 149
Sammlung Rüdiger Schulz, Lüneburg: 137
Sammlung Stadtarchiv Lüneburg: 24 (StALg BS II, 10 Nr. 44 a (k)), 30 (StALg AB 1061a), 33 (Foto Silvester Damman), 38 (StALg BS, VIII-156-s, Foto Josef Makovec), 60 (StALg, BS, Druck-2495), 63 (StALg, BS, Glas-38900), 70 (StALg, BS, Dig-34452), 75 (StALg. BS, Pos-18645), 94 (StALg BS, Pos-19833, Foto Josef Makovec)

Michaelisfriedhof
Töbingstraße
Hindenburgstraße
Hindenburgstraße
Hindenburgstr
Lauensteinstraße
Scunthorpeplatz
Rodelbahn
Schanzenw.
Bellmannskamp
Dörnbergstraße
Hinter der Bard
Am Graalwall
Egersdorffstr.
Neuetorstraße
Neuetorstr.
Auf dem Meere
A.Iflock
Altstadt
N.Sülze
Katzens
N.Str.
U.Ohlingerstr.
Neue Sülze
A.d.Altstadt
In der Techt
NSG
Ob.Schrangenst
A.Sülzwall
Salzbrückerstraße
A.d.Rübekuhle
Grapengießerstr
Schlägertwiete
Pieperweg
Ludwigstr.
Sülzwiese
H.d.Sülzmauer
Ritterstraße
Vor der Sülze
A.Bargenturm
A.d.Saline
Wallst
Lüneburg
Sülztorstr.
St.-Ursula-Weg
Sültenweg
Familienzentrum Plus
Finkenberg
Am Neuen Felde
Am Weißen Turm
Mittelfeld
Wittenkamp
H.d.Saline
Soltauer Str.
Uelzener Str.
Schillerstraße
Bögelstraße
Bögelstraße
Bögelstr.
Mittelfeld
Rote

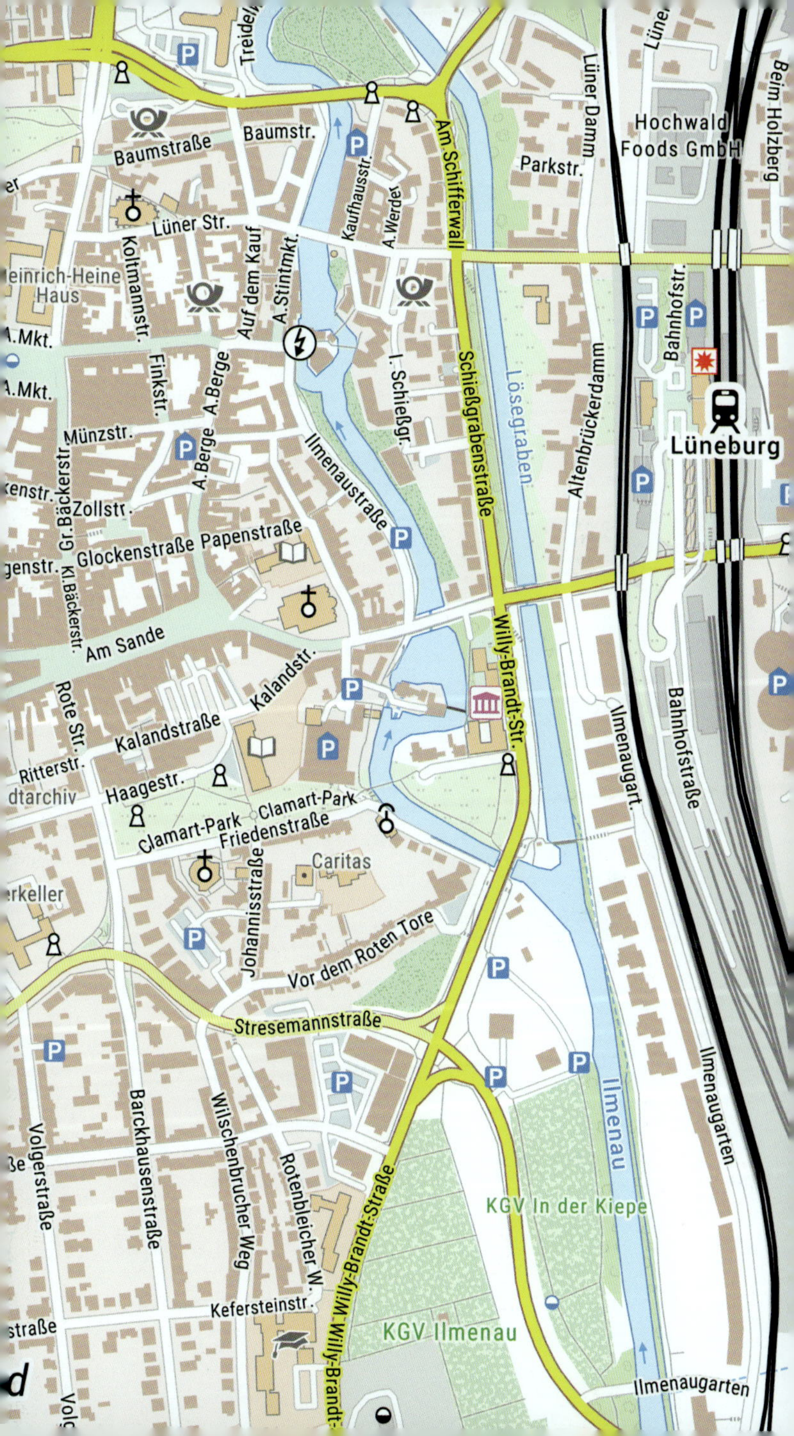

Treidel
Lüner
Beim Holzberg
Baumstraße
Baumstr.
Am Schifferwall
Lüner Damm
Hochwald Foods GmbH
Parkstr.
Kaufhausstr.
A. Werder
Lüner Str.
Koltmannstr.
Heinrich-Heine Haus
A. Stintmkt.
Auf dem Kauf
A. Mkt.
Bahnhofstr.
Finkstr.
A. Berge
I. Schießgr.
Schießgrabenstraße
Lösegraben
Altenbrückerdamm
Lüneburg
Münzstr.
Ilmenaustraße
Gr. Bäckerstr.
Zollstr.
Glockenstraße
Papenstraße
Kl. Bäckerstr.
Am Sande
Kalandstr.
Willy-Brandt-Str.
Bahnhofstraße
Rote Str.
Kalandstraße
Ilmenaugart.
Ritterstr.
Haagestr.
Clamart-Park
Friedenstraße
Caritas
Johannisstraße
Vor dem Roten Tore
Stresemannstraße
Ilmenau
Ilmenaugarten
Barckhausenstraße
Wilschenbrucher Weg
Rotenbleicher W.
Volgerstraße
Willy-Brandt-Straße
KGV In der Kiepe
Kefersteinstr.
KGV Ilmenau
Ilmenaugarten